まえがき

　本書は経済学部の学生の予習・復習用に作成された西洋経済史の教科書である。しかし，西洋史の中で経済的な事柄に関心があり，経済史の要点を楽しく学んでみたい一般の人にも参考になるであろう。

　経済史という分野は経済学と歴史学の両方から影響を受ける。経済史研究者によって，その影響の受け方は異なる。私の場合は，歴史的対象を理解する際に，歴史学的発想法が中心に置かれる。そして，対象として取り上げられる歴史事象は，経済的な事柄である。

　歴史学的発想法といっても，時間とともに社会が変わると理解する見方にすぎないが，それを歴史感覚と呼んでおこう。逆に，歴史的変化が認められないと，経済史は過去の「経済事情」を扱った，単なる時事的な関心の学問であるか，あるいは，同じことであるが，経済理論を適用して，理論から過去を理解するといった結論になる。歴史的変化を認める経済史からすると，生物学や生態学であればともかく，現代を対象とした経済学理論がそのままの形で，過去の経済事象に適用できると考えていること自体，理論的不備が問題にされる。もちろん，経済学理論が生物学の一分野であれば，その手法で問題はない。

　歴史学の理論的な役割の一つは，乱雑な事実に一定の方向性を与える，というものである。実際に一定の方向性があって，事実が生起しているかどうかは，ともかく，特定の事象を考察する際に，事実と事実の間をつなぐ整理基準がなければ，人間の場合，物事はほとんど理解不能になる。私が考える歴史学的発想法は進化論的，段階論的なものである。これは，「進化」したほうがいい，といった価値観とは無関係であるし，先進国は発展途上国を指導・誘導できると思い上がったりする理論とも無関係である。

　段階論的発想法にもっとも近いのは教育である。足し算・引き算が理解でき

i

まえがき

ない子供に，掛け算・割り算を教えるのは困難であろう。人間の理解能力には，段階がある。同じように，人間の社会構成の仕方には，段階がある。ほとんど野生の状態から，一つずつ踏みしめていって，現代社会が生まれるのに，数万年を要した。その歴史は技術に大いに関係があるが，技術それ自体は社会ではない。特定の技術を使いこなせる社会，あるいは，特定の技術を開発できる社会。もっと一般的に表現すれば，人間はなぜ他者を客体化し，自然を対象化できるようになったのか，そのような社会がいかにして生まれ，維持されたのか，私はこのような，非常に地味な人間精神・社会の積みあげを研究するのが，歴史学であると思っている。

経済的な事柄というのは，人間が生物として生きていくのに必要な人間関係といった程度の意味である。芸術作品を見たり，制作したりすると，人間の感性は満足できるかもしれないし，それこそ人間的な活動であるかもしれないが，その前に，衣食住が整わないと，人は生きていけない。「衣食足りて礼節を知る」という言葉があるが，経済的な事柄は衣食住の確保に必要な人間関係のことである。経済史は人間が生物として生きていくために必要な家族・企業・都市・国家・身分・階級などの組織，狩猟・採集・生産の現場，モノの流通の仕方などを扱う。その中でも，「西洋」経済史は西洋の歴史の中での，そのような事柄に関心を寄せる。西洋とはどの地域を指すのか。ここでは，明治時代以降の日本の知の伝統に従って，イギリス，ドイツ，フランス，イタリア，スペイン，ポルトガル，オランダを中心にすえておく。この範囲はすでにEUという国家連合によって覆りつつあるので，半世紀後には，全く異なった地理的範囲が西洋経済史の対象になるであろうと，予測可能な段階にきているようにみえる。

私は30年ほど前，大学院でイギリスの農業革命を研究したのち，大西洋奴隷貿易に研究対象を移した。その後も，主にこの地域・時代が私の研究対象と

なっている。その意味で 16～18 世紀のイギリス経済史と，それを理解するための周辺的事実が，この教科書でももっとも多く取り上げられている。私は，今の世界の形式が整ったのは，この時代のイギリスにあったと考えている。

　私たちは人生をまっとうできれば，70 年以上，生きる可能性がある。自分が生きている社会で変化があるのには気づくが，それが歴史的な変化であるかどうかは，なかなかわからない。歴史を学んだときに初めて，そうかもしれないと思うだけである。しかし，祖父母が子供の頃に出会った人たちの昔話を，子供の自分は聞くかもしれない。自分の孫はその孫に自分のことを話すかもしれない。肌で感じることができる社会は，長くとると，自分の祖父母の祖父母から自分の孫の孫まで，おそらく 2 世紀くらいの時間の長さであろう。

　歴史的な変化はどれくらいの時間間隔で生じるのか。第二次世界大戦直後には，黒人がアメリカの大統領になれるとは誰も思っていなかった。今では，それが実現されている。ある変化を生じさせようと，実際の現実的努力が始まってから，半世紀ほどで，それが可能になることが多い。しかし，数世紀を要する場合もある。ブローデルの先駆的な試みはあるが，どのような分野で，どれほどの時間が変化のために必要であるのかは，まだ，歴史学的には明らかにはなっていない。変化それ自体がよくわからない。そのような事柄に，一人でも多くの人の意識が向けられるようになるために，この西洋経済史の教科書が作成されている。

2009 年初冬

児島　秀樹

目　次

まえがき　i

第 1 部　9 世紀以前の経済・社会

第 1 章　古代を見るために …………………………………… 2
　1　初めに古代があった　2

第 2 章　紀元前の地中海商業と共和政ローマ …………… 9
　1　地中海世界　9
　2　共和政時代のローマ　12

第 3 章　帝政ローマ …………………………………………… 17
　1　帝国の発展　17
　2　古代ローマの奴隷制　20

第 2 部　中世の経済・社会

第 4 章　封建社会と共同体 ………………………………… 24
　1　封建制度　24
　2　共同体　26

第 5 章　荘園制度 …………………………………………… 31
　1　荘園制　31
　2　領主制　34

目次

第6章　身分制度 ………………………………………………… 39
1　中世盛期の農民　39
2　絶対王政期の身分階層　43

第7章　中世の農業 ……………………………………………… 47
1　三圃式農法　47
2　穀草式農法　51

第8章　中世都市 ………………………………………………… 54
1　中世の都市　54
2　中世都市の性格　56

第9章　各地の中世都市 ………………………………………… 61
1　シャンパーニュの大市　61
2　イタリア中世都市　63

第10章　ハンザ同盟 …………………………………………… 69
1　ハンザ同盟の成立　69
2　ハンザ同盟の時代　72

第3部　絶対王政の経済・社会

第11章　ギルド制度 …………………………………………… 78
1　ギルド制度の始まり　78
2　ギルドの最盛期と崩壊　80

目 次

第12章　ポルトガルの大航海 …………………………………… 86
1　大航海時代の開始とポルトガル　86
2　インド航路の開発　90

第13章　スペインの大航海 ………………………………………… 94
1　コロンブスとスペイン　94
2　スペインのアメリカ植民地　97

第14章　ネーデルラントの勃興 ………………………………… 102
1　ネーデルラントの歴史　102
2　オランダの発展　105

第15章　羊毛輸出と毛織物工業 ………………………………… 109
1　羊毛貿易と羊毛生産　109
2　特権組合　111
3　農村毛織物工業の台頭　113

第16章　救貧法の始まり ………………………………………… 117
1　救貧問題　117
2　イギリスの救貧法　120

第4部　商業革命時代の経済・社会

第17章　商業革命とアメリカ植民 ……………………………… 126
1　イギリスの大航海　126
2　アメリカ植民　128
3　商業革命の開始　129

第 18 章　救貧と労働者 ……………………………………… 133
　1　旧救貧法　133
　2　貧民と経済思想　136

第 19 章　農業革命と議会垣区 ……………………………… 140
　1　輪栽式農法　140
　2　囲い込み運動　143

第 20 章　イギリス東インド会社 …………………………… 147
　1　東インド会社の誕生　147
　2　東インド会社の発展　150

第 21 章　大西洋奴隷貿易 …………………………………… 155
　1　大西洋奴隷貿易の全体像　155
　2　イギリス大西洋奴隷貿易の発展　157
　3　イギリス大西洋奴隷貿易の終焉　159

第 22 章　綿織物工業の産業革命 …………………………… 163
　1　産業革命　163
　2　綿織物の産業革命　165

第 23 章　技術革新としての産業革命 ……………………… 171
　1　製鉄業の産業革命　171
　2　機械工業の産業革命　174

目 次

第 5 部　産業革命後の経済・社会

第 24 章　運送業の産業革命 …………………………………………… 180
　1　道　　路　180
　2　鉄　　道　184

第 25 章　労働者の生活 ………………………………………………… 188
　1　労働者と雇用　188
　2　労働者と社会　192

第 26 章　自由貿易運動 ………………………………………………… 196
　1　自由貿易運動の展開　196
　2　資本主義と帝国主義　199

第 27 章　銀　行　業 …………………………………………………… 204
　1　金貨から信用貨幣へ　204
　2　イングランド銀行　208

参考文献案内　212

資　　料　215

索　　引　219

第1部　9世紀以前の経済・社会

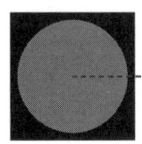

第1章 古代を見るために

1 初めに古代があった

1.1 古代を見る視角

　従来，人々は自分が生きている社会を高く評価し，それと異なる社会を低く評価してきた．たとえば，多くの歴史家や経済理論家は，19世紀に作られた思想に従って，自由主義的な現代社会をほめたたえ，市場経済の重要性を強調する．彼らは，現代の賃金労働者が自由を享受していると主張する一方で，古代ローマ時代には強制労働に従事させられた奴隷たちが呻吟していたし，中世社会では隷属的農民たちが領主の過酷な支配に抑圧されていたとか，あるいは，共有地（commons）や共同体（community）の存在のために自由が奪われていた，といったイメージを作り上げた．しかも，多くの場合，このイメージに疑いを抱くことなく，信奉している．ルネサンスの時代からフランス革命まで，過去に権威を置き，古代社会に憧れを抱いた時代と異なり，現代は自分自身に絶対的な価値観を置く社会になってしまっているのが，ここからも理解できる．

　何かを見るときには，なんらかの特定の視角が必要である．鳥瞰図にはならなくても，鳥には鳥の世界の見え方があるように，人間には人間の世界観がある．個々の人間にはそれぞれに視角が備わっている．空間認識における上下という見方を身につけることができれば，それによって日常生活では上と下が理

解できて，重宝することのほうが圧倒的に多い。しかし，その見え方を宇宙船の中に持ち込むのは得策ではない。同じことは社会関係にもいえる。

　特定の視角とそれに応じた社会常識や制度がなければ，人間は行動ができない。しかし，一つの視角に捕らわれていると，それでしか行動できなくなる。行動するためには特定の制度が必要になるが，それが行動するための障害にもなる。このような特定の制度の中には，もちろん，通常，経済学者が制度ではないと断定したがる，需要と供給でなりたつ価格決定機構などの経済制度も含まれている。夫婦や親子でさえ，歴史的変化を被る一つの制度であり，人と人の関係を表す概念にすぎない。

　ここでは，古代社会は中世よりは現代に似ている社会であろうと，大雑把に見ている。古代国家は現代と同じように，道路建設にいそしみ，国家（または帝国）を築きあげた。商業も盛んで，歴史上初めて，貨幣が盛んに流通した。中世は逆に，諸国は城を中心においた，もっと小さな単位で自立してしまい，商品・貨幣流通は古代や現代と比較すると，それほどでもなくなった。この場合の古代は，西洋史の場合には，古代ローマ帝国を念頭に置いているが，世界史的には，漢帝国を築き上げた中国も似ているかもしれない。

1.2　古代の法

　古代社会で生きる人々はおそらく呪術的な理解の仕方を重んじていたであろう。それが徐々に「法」や「宗教」といった規範に置き換えられていった。

　法という字の元の漢字（灋）を構成している廌という文字は白川静の『字通』によると，神判に用いる神羊を表したもので，解廌，解豸と呼ばれる獣の形であるという。廌は『岩波新漢語辞典』では，「鹿に似た一角獣で，足は馬に似，悪者にふれるとその非を正すと信じられた」とある。

　審判の際の呪術的な手法は中世の初期にも続く。法が人間社会を規制するようになったのは，その頃からかもしれない。呪術に効力があると信じていた社会がいかにして，法に効力があると信じるようになったのか。感性のこの歴史

的相違を形作るのは民主的な選択行為ではなく，人間の歴史的な感性磨きの積み重ねの結果である。これは子どもにはおとなと同等の認識力・理解力はない，というのに近い。

　人間関係を処理する手法は，古代では呪術的な内容から始まったのは間違いないであろうが，それがどのように，法制度にかわったのかは，あまり確かではない。現代の日本の法律は，淵源をたどれば，古代のローマ法にいきつく。これは日本が明治維新以降，西洋の法を導入したことに原因がある。

　古代ローマでは，法は神官団が秘密の知識として，独占したことに対して，平民が法の公開を要求して，紀元前5世紀中頃に，十二表法が制定されたときから始まる。前326年には，ポエテリウス＝パピリウス法で債務奴隷制が廃止された。前286年頃には，アクイリウス法が制定され，これは近代の不法行為法の基礎となったと理解されている。その過程で，神官に代わって，徐々に元老院階級の中から法学者が現れ，彼らが法を整備するようになった。ローマ共和政の時代（前509～前27）に，ローマの領土が拡大して，市民法だけでなく，万民法の整備も必要になったり，ギリシアの影響を受けたりしながら，ローマ法は発展・整備された。法学者は次第に行政にもかかわるようになり，元首政の時代（前27年～後284年）に法文化が花開いたといわれる。紀元後2～3世紀，その最盛期に，ローマ法は少なくとも，ローマ帝国西部のスペイン，南フランス，北アフリカで普及した。

　その後，法学は停滞・衰退したが，5～6世紀に法体系が再び整備されるようになった。紀元後438年にはテオドシウス法典が発布されて，中世初期には，西方に影響を与えたといわれる。さらに，530年前後に，数年を費やして，東ローマ皇帝ユスティニアヌス（在位527～565）が法を整備して，ローマ法大全が作成された。同じ頃，西欧では，ゲルマン部族の法典も整備され，メロヴィング朝のクローヴィスの晩年，510年前後に，フランク部族のサリ人の部族法典であるサリカ法典の原型が成立した。

　11世紀に，ボローニャでローマ法が復活した。ローマ法大全が再び実務上

も適用されることになった。ボローニャ大学の法学教育では教会法の講義のほか、ローマ法大全も利用されるようになり、ヨーロッパのその他の大学もそれをまねるようになった。法学校で教育を受ける学生たちが、自治団体として学生組合（universitas）を形成して、自然発生的に中世の大学が成立したといわれる。学生組合が公認されたのは、1158年に、神聖ローマ皇帝フリードリヒ1世が法学生に与えた特権による。

1.3 時代区分

西洋史は伝統的に、古代、中世、近代（近現代）に分けられている。近代は私たちが生きている時代であり、本来は現代を意味している。近代社会は古代社会を模範として、作られてきた。古代、中世、近代の時代区分の指標はいろいろ論じられている。西洋史の場合、古代と中世の画期は476年の西ローマ帝国滅亡や751年のカロリング朝フランク王国成立を判断基準として、検討されることが多い。近代社会の始まりも、ルネサンス時代から近代が始まると想定されたときもあるし、1453年の百年戦争の終了を一つの分岐点と考える説もある。封建制の打倒を旗印にした1789年のフランス革命までを中世とみる見方もある。それぞれ傾聴に値するものである。

古代ローマ帝国は395年に東西に分裂した。その頃、世界的な低温化やゲルマン民族の侵入、あるいは、帝国行政の外にいたキリスト教徒との関係をどのように処理するかで、古代末期は右往左往していた。476年に西ローマ皇帝が暗殺され、その5年後にフランク王国が誕生した。

現在、EU（ヨーロッパ連合）の本部はベルギーの首都ブリュッセルにおかれている。フランク王国の創始者であるクローヴィス（生466頃〜没511）の出身地はベルギーである。カール大帝（生742〜没814：Karl der Grosse）もアーヘン（仏名：エクス・ラ・シャペル）に宮殿を置いていた。アーヘンは現在はドイツ領内であるが、ベルギーとの国境に近い。なお、カール大帝はフランス語でシャルルマーニュ（Charlemagne）と呼ばれ、フランク国王としての在位は768

年から始まり，西ローマ皇帝としての在位は800年から始まる。

　481年にクローヴィスがフランク王に即位したのは，フランスのランス大聖堂であった。以来，フランスの国王の大半はランス大聖堂でフランス王として戴冠した。カール大帝はアーヘンの宮廷にイングランドの学僧アルクィンを招いて，いわゆるカロリング朝ルネサンスを開花させた。カール大帝はアーヘンに大聖堂を創建し，ここに葬られた。カール大帝の時代には，まだローマの権威は強くて，800年12月25日にカールが西ローマ皇帝としての戴冠式を挙行したのは，ローマのサン・ピエトロ大聖堂であった。962年にオットー1世（神聖ローマ皇帝：962～973）もローマで皇帝アウグストゥスの称号を受けた。

　現在はオランダ王国と，連邦制のベルギー王国に分かれているが，この地域は中世においては，ネーデルラント地方（低地地方）と呼ばれて，一つのまとまりを持った領域であった。ここが中世ヨーロッパの政治の中心地として機能した。そして，イタリア北部とともに，ほぼベルギーの海岸地帯に位置するフランデレン地方（仏名フランドル，英名フランダース）が中世ヨーロッパの経済の中心地となった。いわば，古代のローマから，中世のネーデルラントへ，政治・経済の中心が移動したといえるかもしれない。

1.4　古代の民族

　古代社会の中心には，ラテン人のローマ帝国（紀元前27～紀元後476）が位置づけられる。西洋の古代社会にギリシア人が作り上げた古代ギリシア文明を含んでもいい。もちろん，ケルト文明も西欧の精神的な古層を形作っているであろう。ケルト人の存在は紀元前1500年頃までにライン川，ドナウ川流域で確認できる。前9世紀以降，ケルト人はイベリア半島，ブリテン島，北イタリアに進出した。前5～4世紀，古典期のギリシアが栄えた頃には，ケルト人はギリシア文明と接触して，その影響を受けた。現在ではケルトの伝統はほぼアイルランド，ウェールズ，スコットランド，ブルターニュ半島に残るにすぎないが，古代社会では，ヨーロッパの大半がケルト人の居住地となっていた。

ちなみに，イギリスという言葉は現在のUK（グレート・ブリテンおよび北アイルランド連合王国）をさすが，イングランドだけを念頭におくことも多い。以下では，アイルランド，ウェールズ，スコットランドと区別する必要があるときに，イギリスではなく，イングランドと表現しておく。英国の中心部であるイングランドはアングロ・サクソン人というゲルマン系の住民の他に，1066年のノルマン征服以降，ノルマン人という北方のゲルマン人が政治権力を握ったが，英国の外の地域はケルトの伝統を守った。ケルトの伝統が色濃く残ったのは，フランスのブルターニュ地方を除けば，イギリスだけである。

　のちに主にドイツに定着することになるゲルマン人は，4世紀後半からドナウ川をこえて，ローマ帝国に入ってきた。6～7世紀頃には，現在のウクライナあたりにいたスラヴ人が，東欧（東ヨーロッパ）やギリシア方面に進出したようである。ロシアを中心として，ポーランドやブルガリアなどの国々はスラヴ人の国である。

　民族への帰属意識を高めて，紛争になるのは好ましくないため，民族は無視される場合も多い。無視が進んで，民族の伝統さえなくなることもある。それは言語でも同様で，日本でアイヌの言葉が失われつつあるように，ヨーロッパでもケルト系の言葉を初めとして，多くの言葉が失われつつある。たとえば，フランスの北方ではオイル語が話されていて，これが現在の標準フランス語を形成する核となったようであるが，アキテーヌ，ラングドック，プロヴァンスなどの南方ではオック語が使われていた。マスメディアの影響もあって，若い人の多くはオック語を話せなくなっているため，一部ではオック語の復権も叫ばれているようである。

　民族や言語の問題は西洋経済史では常識程度にしか扱われない。それらは人々の帰属・所属意識，あるいは，アイデンティティ（identity：自分が自分であることの証）の問題と深くかかわっている。この帰属意識それ自体は「社会的動物」である人間が生きていく上で，死活の問題であり，経済や政治の基礎を作り上げていると言ってもいいほど，重要な問題である。将来的に歴史学は

制度的な経済史ではなく，心理・生物学的な帰属意識の変化を扱うようになるかもしれない。帰属意識はそれほど重要な問題である。しかし，その一つの民族問題に関しては，西洋経済史では，常識程度に，ラテン人，ゲルマン人，ノルマン人，ケルト人，スラヴ人，ギリシア人などの位置づけ，言葉の意味をおさえておくと，問題がみえてくることもある。

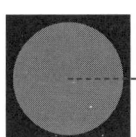

第2章
紀元前の地中海商業と共和政ローマ

1 地中海世界

　西洋の古代社会は地中海で開花した。フェニキアとギリシアが地中海沿岸で植民と商業活動に従事した。クレタやエジプトの文明もここで開花した。地中海という内海に文明が展開した。これは，中世ヨーロッパが内陸部の河川に分かれて定着したのと対照的であった。

　紀元前500〜449年のペルシア戦争をきっかけに，オリエントの辺境の地にすぎなかったギリシアに文明が開花した。ペルシアに学んだギリシアは紀元前334〜324年のアレクサンドロス大王による東方遠征で，力関係を逆転させた。大王は前330年にハカーマニッシュ朝（アケメネス朝）ペルシア帝国を滅ぼし，オリエント世界をギリシア式に再構築した。

　このヘレニズム世界に対して，古代ローマが勢力を伸ばしてきて，最終的に紀元前27年の古代ローマ帝国の誕生となる。帝政前期の「ローマの平和」（パクス・ロマーナ：Pax Romana）で，地中海は繁栄を迎えた。

1.1 フェニキアの発展

　前12世紀頃から，地中海東岸，現在のレバノンの海岸地帯に，シドン（現サイダ）やティルス（現ティール）といった海港都市を拠点として活躍するフェニキア人が登場した。フェニキアの都市は海を利用した遠距離の中継貿易で

繁栄した国家となり，港市国家と呼ばれることもある。

　フェニキアは紀元前10世紀前後に，東地中海をまたにかけて交易に乗りだした。北アフリカやイベリア半島の地中海沿岸に，フェニキアは多くの植民市を建設した。前9世紀末，ティルスは現在のチュニジアに，カルタゴを植民した。ゲーズ（のちのカディス）もフェニキアの植民市として建設された。

　フェニキア人は交易活動に必要な技術の一つとして，表音文字（アルファベット）を作った。フェニキアの近隣には，レバノン山脈をこえたところにあるダマスカスを拠点として，内陸交易に従事したアラム人もいた。彼らもフェニキアの文字をもとにアラム文字を作った。

1.2　フェニキアとレバノンスギ

　フェニキアの商船はレバノン山脈から伐採されたレバノン杉（香柏）で作られた。レバノンスギは建材としても高く評価され，ソロモンの神殿にも使われたことで有名である。

　今，レバノンスギは国際自然保護連合（IUCN）が作成したレッドリスト（絶滅のおそれのある野生生物のリスト）にも載るほど，その数が少なくなった。『ギルガメシュ叙事詩』の主人公であり，紀元前26世紀頃の実在の人物であると目されているウルクの王ギルガメシュは，森の番人であり悪魔でもあるフワワ（別名フンババ）を退治して，その森の木を伐採した。木材はユーフラテス川を下って，中流から河口地帯にあったシュメル人の都市に運ばれた。都市文明が森を破壊する。森を破壊した都市は衰退すると，環境論は説く。

1.3　地中海商業

　古代地中海世界で商業が発展した。エーゲ海とシリア・エジプトの間では，ブドウ酒，オリーブ油，銅，錫などが交易された。キプロスという名前はギリシア語の銅に由来する。バルト海沿岸の北欧から地中海に向けて，中欧を通って，琥珀が運ばれた。その道は琥珀の道と呼ばれる。

ギリシアはフェニキアに遅れて，紀元前8〜6世紀に多くの植民市を建設した。コリントスはシチリア島や南イタリアから，アテネはエジプトや南ロシアから穀物を輸入し，各地に，陶器，織物，金物を輸出した。奴隷取引はデロス島の奴隷市場を中心に活発に行われた。奴隷取引は最盛期には1万人が取引されたといわれる。出資者と商人との間に海上貸付も生まれた。

　紀元前700年頃には，ギリシアの東隣のリディア王国でエレクトロン（金・銀の天然の合金）で硬貨が鋳造された。のちにアテネのラウレイオン山の銀鉱山から産出された銀で鋳造されたドラクメ銀貨は地中海沿岸の標準貨幣となった。銀山では奴隷が使役され，銀鋳貨を商う両替商や金貸しも登場した。

1.4　古代ローマと現代のイタリア

　現在，イタリアの地方公共団体はコムーネ（comune）と表現される。コムーネの中でもっとも面積が広いのは首都ローマである。面積にして第2のコムーネはラヴェンナである。西ローマ帝国の成立以降，ラヴェンナはローマ帝国の中心地の一つになった。

　ラヴェンナは古代ローマ時代には，ローマには属していなかった。前49年，ユリウス・カエサルが「賽は投げられた」として，ルビコン川を渡ったという故事がある。元老院の命令に背いて，ガリアとローマの国境であったルビコン川を渡って，カエサルが軍隊を動かした。カエサルの軍隊はルビコン川の北方約30kmほどのラヴェンナを冬営地として，ここに集まっていた。当時は，アルプス山脈より南の，このルビコン川までの地域は，ガリア・キサルピーナという名で属州として位置づけられていた。この属州がローマ帝国に編入されるのは，初代皇帝アウグストゥスの時代であった。

　他方，ローマより南には前8世紀以降，多数のギリシアの植民市が築かれていた。タレントゥム（現ターラント）の征服によって，前272年にローマがイタリア半島をほぼ統一したといわれるが，この都市はギリシア（スパルタ）の植民市である。

1.5 ローマの道

「すべての道はローマに通ず」(All roads lead to Rome) という諺がある。諺の意味はラ・フォンテーヌ (1621～1695) の『寓話』の最後の話に出てくる裁判官，病院長，隠者の3人の物語に象徴されている。3人は魂の救いにあこがれて，競い合いながら，同じ目標，すなわちローマに通じる別々の道を歩いていたというものである。

ローマの道は前312年のアッピア街道の建設から始まった。アッピア街道の終点がタレントゥムである。ディオクレティアヌス帝 (在位284～305) の時代には，ローマ帝国の主要幹線道路が372本あり，その総延長が8.6万 km にもなったといわれる。ローマの道は地面を掘って，切石，砕石，小石，砂利・砂を敷き詰め，モルタルで固めて舗装されたので，現代でも，各地にその一部が残っている。ローマの道はできる限り直線で舗装された。

2 共和政時代のローマ

古代ローマはエトルリア人の王を追放して，前509年頃にラテン人による共和政の時代を迎えた。共和政を支えたのは元老院であった。元老院は王政の時代には，氏族の長老が集まって，王に助言していた組織であった。共和政の時代には，元老院議員を輩出した階層がパトリキ (貴族) と呼ばれた。パトリキだけが完全に自由な市民権を有していた。その下に小農民を中心にしたプレブス (平民) やクリエンテス (庇護民) がいた。社会の底辺で，セルヴス (奴隷) が労働に従事していた。奴隷制の始まりは不明である。

2.1 債務奴隷制

当初，プレブスはローマの政治に参加することが許されなかった。平民の代表者的存在として，護民官が前494年に設置された。元来，護民官は戦時の平民の指導者であったが，平民を救済するために，最高公職者であるコンスル

（執政官）や元老院にも干渉できるようになった。現代の三権分立に似て、これらの役職・組織が相互にけん制しあった。

前450年頃に制定された十二表法を初めとして、ローマでは各種の法が制定された。プレブスの地位は次第に向上した。平民は特に戦争に参加すると、借財に陥りがちであったが、十二表法で、ローマ市民を債務奴隷とする場合には、ローマ人とラテン人の外の社会に売ることとされた。

前367年にリキニウス・セクスティウス法が制定され、平民の借財の帳消しが許された。

2.2 公有地と属州の拡大

前270年代には、ローマはタレントゥムなどのギリシア植民市を征圧して、同盟市に組み込んだ。ローマはイタリア北部を除き、半島を統一した。前264年からの第一次ポエニ戦争（前264～241）でカルタゴとの戦いに勝利し、地中海各地に進出していった。ポエニはラテン語でフェニキアを表す。

戦争で、ローマに協力したポリスは自由市として認められ、その他の征服地は公有地として元老院の直轄下に置かれるか、属州となった。イタリア半島とアフリカ大陸の間に位置するシチリアが、属州の第1号となった。属州にはローマから総督が派遣され、直接に統治にあたった。

2.3 ラティフンディウムの普及

富裕なパトリキとプレブスは新たにノビレス（新貴族）と呼ばれる階層を形成した。前2世紀ころには、対外戦争への従軍で疲弊した中小土地所有農民は土地を失って没落し、ノビレスが没落農民の土地や公有地を兼併した。ノビレスは大地主となった。大所領は、広いという意味のlatusと、土地という意味のfundusを組み合わせて、ラテン語でラティフンディウム（latifundium［単数形］、latifundia［複数形］）と呼ばれた。

大所領は奴隷労働を利用した直営地、多数の小作地、牧地、森林からなって

いた。大所領では奴隷が集団的に働かされた。ここではブドウ酒が醸造され，オリーブ油が搾油され，奴隷を利用して，市場向けの大規模商品生産が営まれた。小作人は自由人であったが，次第に所領主に従属するようになった。後1世紀から徐々に奴隷の数は減少した。

2.4 ウィラの形成

ウィラ（villa）は富裕者の別荘・住居である。紀元後3世紀に，永小作権の獲得や暴力的横領などを通じて，大所領が拡大した。大所領は独立性を強めるようになった。大所領を持つ富裕者はウィラで保養を楽しんだり，ウィラを所領経営のために利用したりした。ウィラには主人の居住地の他，ブドウ搾り機や脱穀場，あるいは，反抗的な奴隷を懲罰するための部屋も設けられることもあった。

2.5 騎士と徴税請負

古代ローマの商業の担い手として騎士（エクイテス）も登場した。前2世紀，海外交易や徴税請負で富を得た平民が騎士身分を獲得した。騎士や解放奴隷は交易や徴税請負の他，後方支援（軍用物資の商い），土木工事，高利貸付，ラティフンディウムの経営などで巨富を築いた。徴税請負団体が生まれ，徴税権を譲渡・相続できる持ち株制も採用された。

2.6 大土地所有の制限

前133年からはグラックス兄弟による大土地所有の制限が行われた。しかし，失敗し，前1世紀は内乱状態となった。兄のティベリウス（前162～前133）は大土地所有者の私有地を500ユゲラ（約125ha）以下とし，それ以上の公有地を占有する者は国に土地を返還するように求めた。民衆派のグラックスの改革路線に対して，閥族派は強硬に反対し，ティベリウス派は虐殺された。殺害された者の数は300人ともいわれる。弟のガイウス（前153～前121）も公

第 2 章　紀元前の地中海商業と共和政ローマ

有地の占有制限と無産市民への分配などの改革を試みたが，失敗した．

2.7　ローマの軍制

　前 107 年にコンスルとなったガイウス・マリウス（前 157 頃～前 86）は軍司令官として，ローマ市民の軍制改革を断行した．彼は徴兵制ではなく志願兵制を採用した．従来どおり給料が支給された上に，新たに財産資格が撤廃され，国が武具を支給するようになった．軍団の司令官は占領した土地を自分の土地とし，軍団を私兵化していった．

　古代ローマは軍事活動の活発化とともに，奴隷制の最盛期を迎えた．前 73～71 年には剣闘士奴隷で，トラキア出身のスパルタクスの反乱も勃発した．スパルタクスの反乱軍には，各地の農業奴隷が参加し，その数は 7 万人に達した．反乱軍にはガリア，ゲルマニア，トラキア出身者が多かった．彼らは南イタリアを制圧したが，最終的にクラッスス軍が平定した．その後，奴隷は妻帯を許され，若干の所有権も認められるようになった．

　地中海周辺には属州が築かれ，異民族との戦いの最前線からは奴隷が輸入された．前 58～51 年のカエサル（Gaius Julius Caesar：前 100 頃～前 44）のガリア遠征の成功で，アルプス以北のケルト人が平定され，北欧への進出が容易となった．

　ローマはヘレニズム世界の残存勢力であるプトレマイオス朝エジプトも倒した．ローマはアクティウムの戦いで勝利し，エジプトを征服した．この戦いを指導したオクタウィアヌス（Gaius Julius Caesar Augustus：前 63～後 14）はプトレマイオス朝を倒した功績で，前 27 年に元老院からプリンケプス（元首）の称号を与えられ，初代ローマ皇帝として即位し，アウグストゥス（尊厳なる者）と呼ばれた．

第1部　9世紀以前の経済・社会

参考文献

小林登志子『シュメル：人類最古の文明』中公新書，2005年
伊藤貞夫『古代ギリシアの歴史：ポリスの興隆と衰退』講談社学術文庫，2004年
オッコー＝ベーレンツ（河上正二訳・著）『歴史の中の民法：ローマ法との対話』日本評論社，2001年
岩井経男『ローマ時代イタリア都市の研究』ミネルヴァ書房，2000年
安田喜憲『森を守る文明・支配する文明』PHP新書，1997年
伊藤貞夫『古典期のポリス社会』岩波書店，1981年

第3章
帝政ローマ

1 帝国の発展

　地中海沿岸はほぼローマが領有する土地となり，全土をローマ皇帝が治めるパクス・ロマーナが実現した。しかし，後66〜73年にはユダヤ属州で暮らしていたユダヤ人が属州総督と対立し，戦争に発展した事例のように，紛争がなかったわけではない。

　その後，五賢帝（ネルウァ，トラヤヌス，ハドリアヌス，アントニヌス・ピウス，マルクス・アウレリウス・アントニヌス）の時代にローマ帝国は最盛期を迎えた。現代の都市生活に劣らないローマの市民生活が，属州を含めて，帝国の各地で展開した。ハドリアヌス帝（在位76〜136）とアントニヌス・ピウス帝（在位：136〜161）の時代には，ライン中流とドナウ上流を結ぶ長城（リーメス）も完成して，防衛線も確保された。

1.1　カラカラ浴場

　マルクス・アウレリウス・セウェルス・アントニヌス（在位211〜217）は通称，カラカラ帝と呼ばれる。贈り物にお返しが期待されるように，カラカラ帝は増税の反対給付として，民衆のためにカラカラ浴場を作り，精力的に兵士や下層民の要望に応えた。212年には，アントニヌス勅令を告示して，帝国内のすべての自由民にローマの市民権を付与した。これによって，ローマ人と属州

人との区別はなくなった。

1.2　鋳貨の発行

　ローマの最高神ユピテルの后である女神ユノが祭られていたカピトリウム丘の神殿はモネタ（moneta：忠告者）と呼ばれた。ここで貨幣が鋳造されるようになり，女神の称号が貨幣（money）の語源となったといわれる。貨幣の発行も，遅くともカエサルの時代から金貨を中心に順調に発展した。

　カラカラ帝は思い切った財政改革を行った。彼はゲルマニアや東部属州への外征を繰り返した結果，国家財政を危機に陥らせた。その急場をしのぐため，アントニニアヌス銀貨を発行した。通常の3.1グラムのデナリウス銀貨より大きな，約5グラムの銀貨を作った。銀の含有率は50％ほどに低下させた，この銀貨をデナリウス銀貨2枚分の価値で通用させようとした。品位が悪化した貨幣の発行は一つの前例となり，次の世代に受け継がれた。

　3世紀の軍人皇帝時代（235～284）には，ガリア，アフリカ，ドナウ沿岸の諸地方が自立経済圏を確立して，奴隷制や商業が衰退し，鋳貨の品質が悪化した。貨幣制度は軍人皇帝時代に崩壊した。ローマ帝国は借金を抱えることなく，破産したといわれる。ローマの貨幣鋳造は402年頃に終了した。

1.3　コロヌスの増大

　3～4世紀以降，ローマ帝国の人口は激減し，中産階級は没落し，商業は不振に陥った。ラティフンディウムの経営は行き詰まり，奴隷が農奴的存在となると同時に，自由小作人は没落した。3～4世紀には，奴隷も小作人もともにコロヌスとなり，市場生産から自給自足経済への転換が進行した。

　古代ローマの小作人であるコロヌスは共和政末期の史料にすでに現れている。コロヌスは帝政初期から徐々に農業生産における重要性を高めてきた。コロヌスは自由人として，通常5年を期限として，地主との契約に入った。コロヌスは地代の滞納で，地主に対して従属的な地位におかれるようになった。

コンスタンティヌス帝（在位306～337）は332年にコロヌス土地定着法を発した。その目的はコロヌスを逃がさないようにするためのものであった。

1.4 帝国の分裂

284年に即位したディオクレティアヌス帝（在位284～305）は軍人皇帝時代に終止符をうった。元老院は実質上消滅し，皇帝はドミヌス（dominus：専制皇帝）として，帝国を統治するようになった。しかし，広大な帝国を皇帝一人が統治するのは困難であって，帝国を4道にわけ，その下に12の管区と約100の属州を設けた。この統治政策はさらに発展して，ローマ帝国の分裂傾向はついに現実となり，395年には東西のローマ帝国に分裂した。西ローマ帝国は476年にゲルマン人の傭兵隊長オドアケルによって滅ぼされたが，コンスタンティノープルを首都とした東ローマ帝国は名目上，1453年まで存続した。

330年にコンスタンティヌス帝は，ギリシアの植民都市，ビュザンティオンに遷都した。彼は自身の名をとって，この都市をコンスタンティノープルと名づけた。現在のイスタンブールである。

1.5 ローマの保護者

帝政末期に有力者は地方の君主として振る舞い，武装私兵を維持し，裁判権を要求した。村全体が有力者のパトロキニウム（保護関係）に入るのは禁じられたが，その傾向が強まっていった。

パトロキニウムは本来，クリエンテスとそのパトロンとの信義に基づく上下の保護・隷属関係をさし，個々人の問題であった。恩義と奉仕の形で，私的な保護・隷属関係としてパトロキニウムが発展した。共和政末期には将軍と兵士の関係や都市・属州との関係なども，パトロキニウムと表すようになった。

対等な関係の組織も作られた。職業の世襲化＝カースト化が強化され，国家役人，鉱山労働者，軍人，手工業者も世襲されるようになった。多くの人はコレギウムに組織された。

2 古代ローマの奴隷制

　奴隷の定義は難しいが，奴隷は生まれながらにして帰属するはずの対象を失った根無し草である。ある人が社会的な価値を認められる一人の人間であると意識できる最後の絆（identity）が奪われて，主人（master）以外に所属するものがない状態になったとき，その人は奴隷となる。

　原則として，主人は奴隷に何を実行してもいい。生殺与奪の権利を持っている。鞭打って，働かせてもいい。奴隷が一人でも主人に反抗すると，連帯責任で全員が処罰を受けた。売買する価値があれば，売買された。どこまで非人間的な行為が許されるかは，時代・社会により，そして，主人によって異なる。

　ローマでは地理的に氏族から離れても，その氏族との紐帯をなくしていなければ，賓客として，あるいは，クリエンテスとして，迎えてもらえる。戦争，債務，刑罰などで氏族との紐帯が切れてしまうと，奴隷になる。現代では債務は民事として民法の範囲におさまるが，古代では，債務を返済できないと刑罰の対象になった。時代によって，民事と刑事の適用範囲が異なる。

2.1　奴隷の供給源

　ものを言う道具である奴隷は奴隷営舎で監督のもとに寝起きし，毎朝10人ほどの隊伍を組んで，商品生産に携わった。奴隷は家族をもたず，侵略戦争で補給されたが，奴隷解放も推奨されたため，ローマの平和とともに奴隷制大経営は成り立たなくなった。奴隷は土地を与えられて，コロヌスとなった。

　古代ローマ時代，奴隷の供給源として，戦争，債務，出生（奴隷の子），海賊（誘拐），嬰児遺棄などがあった。戦争で捕虜になったら，処刑されるか，奴隷として売り飛ばされた。父が奴隷であった場合は奴隷の子は奴隷になった。海賊や奴隷商人に誘拐されて，売られてしまったら，買い戻してもらえないかぎり，奴隷になった。親に捨てられた子は誘拐された子と同様，奴隷にされた。

奴隷の仕事場は家内奴隷の場合，家の中でいわば家政婦として働くことが多かった。たいてい女奴隷が料理，掃除，洗濯など，日常生活を遂行するのに欠かせない労働に従事した。農業奴隷として，牧畜やオリーブ・ブドウなどの果樹栽培に従事した。現代の労働者と同様に，工業やサービス業に従事した奴隷もいる。

2.2　古代ローマの帰属先

ローマ市民の家（ファミリア）では家父長（パテル・ファミリアス）の権限が強大であった。家父長の生存中は家父長の息子は自分の子供（家父長の孫）に対する権限を行使できなかった。家父長は構成員に対して生殺与奪の権限を持った。それは奴隷に対する主人の権利と似ていた。

家父長のみが財産能力を有し，ファミリアの全財産は家父長が所有しているとみなされた。家父長以外の者が財産を保有する場合には，特有財産と呼ばれ，その管理・収益を認められた。

前90年を境に，ローマ市民の間でファミリアとならんで，ドムスが非公式に用いられるようになった。ドムスは本来，建造物としての家をさす語であったが，共和政末期には，夫と妻子を最小単位とする家族の意味で用いられるようになった。

生まれた子がファミリアの一員になるには，家父長による認知が必要であった。出自の正当性が疑われることもあった。認知は「幼児の取り上げ（抱き上げ）」と表現された。認知されずに遺棄された嬰児が死亡せずに拾われた場合は，拾った者の奴隷となる。

2.3　ローマ市民

自由人はローマ市民権を持つ。嫡出子は父親の法的地位を継承した。婚姻によって法的地位が異なる。ローマ市民と結婚できるのはローマ市民はもちろんであるが，ラテン権保有者や特別に通婚権を与えられた外人に限られた。他

方，非嫡出子は出生時の母親の法的地位を継承した。

　公式の奴隷解放手続きで解放された奴隷も，ローマ市民権を取得できた。公式の手続きには，戸口調査による解放，杖による解放，遺言による解放があった。戸口調査による解放は5年に1度の戸口調査で，自由人のローマ市民として登録するものである。

　杖による解放は擬制的な裁判の手続きをとった。奴隷の主人が奴隷と原告役の市民とともに公職者のもとに出頭する。原告はその奴隷が自由身分であると主張し，奴隷の身体に杖でふれる。主人は原告の主張に抗弁しない。それを確認して，公職者が奴隷の自由を宣言する。この方法は主人が存命中に奴隷を解放する時に用いられた。奴隷を解放すると，主人は有徳者とみなされた。

　遺言による解放は奴隷解放の手法として，もっとも多く用いられた方法である。主人が遺言で奴隷を解放した。

　ローマ市民は市民名簿に登録された。市民は参政権を持ち，軍務についた。戸口調査に出頭した市民は誓約のうえ，氏族名，個人名，父か保護者の名前，所属トリブス（区）の名称，家名，年齢，財産，妻子の名前を申告した。ローマ市の内外には35のトリブスがあった。

参 考 文 献

長谷川博隆『古代ローマの自由と隷属』名古屋大学出版会，2001年
佐藤彰一『ポスト・ローマ期フランク史の研究』岩波書店，2000年
ケヴィン＝グリーン（池口守，井上秀太郎訳）『ローマ経済の考古学』平凡社，1999年
弓削達『ローマはなぜ滅んだか』講談社現代新書，1989年
渡辺金一『中世ローマ帝国：世界史を見直す』岩波書店，1980年
M. I. フィンレイ編（古代奴隷制研究会訳）『西洋古代の奴隷制：学説と論争』東京大学出版会，1970年

第2部 中世の経済・社会

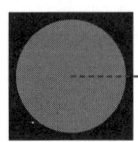

第4章 封建社会と共同体

1 封建制度

　feudalism（封建制度）という言葉は中世ラテン語のfeudum（賜給）を語源とするfiefやfee（封土）という言葉に由来する。feudumは上に立つものが施し，与えるという意味がある。修道院の入り口で施し物を求めて群がる乞食に与えるパンやチーズもfeudumと呼ばれた。この言葉が10世紀頃から徐々に恩貸地（beneficium）を意味するものとなっていった。

　その意味で，封土は施し，与えられたもの，あるいは，庇護されたものを意味している。この時代は有力者の庇護が求められた時代であった。

1.1　法制史の封建制

　封建制度はドイツではレーン制（Lehenswesen）と呼ばれる。ドイツの封建領土（Lehen）は8〜9世紀のフランク王国時代から始まり，10〜13世紀に最盛期を迎えた。レーン制は主従制と恩貸地制からなると理解されている。主従制は封主と封臣の身分関係であって，封臣の忠誠に対して封主が保護を与え，封主より与えられた安全に対して，封臣が債務を果たすといった，封主と封臣の相互性を特色とする主従関係からなる。

　この保護と奉公という二重の義務は臣従礼（homagium）で成立した。封臣になろうとするものは，封主の前で，武器を持たないで跪き，両手を合わせ

て，封主の両手の中に置く。この行為によって，相手が彼の主君になる。すると封主は封臣を立たせて，今結んだ絆が隷属関係ではなく，友情をもとにしていることを示す。

　臣従礼が終わると，続いて，誓約が始まる。封臣は立ったまま，「不正な策略を使わず，家来が主君に対して当然そうあるように忠実である」ことを誓う。こうして，臣従礼と忠誠の誓約によって，封主が領主（lord）となり，封臣が家臣（vassal）となる。領主層の最上位に位置づけられる国王は神であると意識された。領主と家臣の関係にはいると同時に，封が与えられるようになったのが封建制度である。この封が恩貸地であった。無償か，わずかな税負担で土地が与えられた。

　封臣は一定の保有条件のもとに，その土地を経営した。封土には関税の徴収，市場の開設，貨幣の鋳造，裁判の執行などの権利が付属する。領主は領地からの生産物より，封土から得られる各種の収入を重視した。封臣は年に40日の軍役を課せられた。軍事的封建制は騎士によって担われた。1282年のシチリアの晩鐘事件の頃までが騎士の最盛期であった。

1.2　位階制度

　現代社会と中世社会を区別する特徴の一つに位階制度（hierarchy：ヒエラルキー）がある。これは国王を頂点として，聖職者，貴族，騎士，市民，農民を区別する身分制度からなる。中世ヨーロッパの理念上での中心的位階制度は，祈る人（聖職者），戦う人（軍人），働く人（農民）という3つの職からなる。

　位階制は本来はカトリック教会における聖職の階級制度をさすもので，ローマ教皇を頂点として，枢機卿，司教，司祭，助祭などに分かれる制度をさす。国王は血統に基づく世襲制が採用されたが，ローマ教皇は選出された。ローマ教皇を選出する権利を持つ者を枢機卿と呼ぶ。枢機卿になる権限を持ち，各地に領土（司教領）を保有するため，ほとんど世俗の貴族と同等の地位にある者が司教である。各地の教会を統括する者は司祭と呼ばれる。助祭は教会の中

で，司祭を助けて，さまざまな行事が実行できるように采配する者である。

1.3 封建制度という訳語

feudalism を封建制と訳すもとになった「封建」という漢字は，春秋左氏伝に載っていて，紀元前 11 世紀頃に成立した中国の周王朝の制度をさしている。

1789 年にフランスの一法令は「国民会議は封建体制を完全に打倒する」と記載した。日本では 1970 年代頃までフランス革命の闘志たちと同様の用語法が採用されていた。しかし，革命時代に廃止されたのは，領主権であると理解されるようになった。イギリスでは同様の権利である封建的保有権は 1660 年に廃止され，それ以降，財産権が基礎に置かれる社会が作られた。

2 共同体

共同体（community）という言葉は通常は血縁・地縁でつながった人間集団の共同生活体を想定している。それは特定個人の意思だけでは解体することが困難な相互扶助組織である。歴史学では中世の村落を「共同体」概念の中心に置くことが多い。村落共同体は地縁組織である。

ゲルマン民族の移動期には，サリ族などのいくつかの部族が連合して，フランク人を構成した。フランク人がフランク王国を形成した。王国が確立すると，地縁的組織も整備されるようになった。イギリスの場合，ノルマン王朝の頃から，日本の県ほどの大きさで州（county）が区切られるようになった。その多くは州名の接尾辞としてシャー（shire）がつく。この州の下に 100 人で構成されるという意味で郡（hundred）が設置された。氏族や部族ではない地縁的な単位による司法・行政区分も必要とされるようになった。

2.1 氏族共同体

古代社会では，人々は生まれながらに氏族に属した。生計の資は氏族の中で

確保された。しかし，メロヴィング王朝期の部族法典で，氏族からの自由な離脱が認められるようになった。外来者を村民として承認する時には，村内の隣人の全員一致の同意が必要となった。カロリング王朝期にはさらに進んで，氏族ではなく，村落が土地の私的占取を規制するようになった。

氏族はドイツ語でジッペ（Sippe）と呼ばれる。初期ゲルマン社会のジッペは夫婦から9世代（9親等）の範囲にあった。ジッペはカロリング期にもまだ大きな力を持っていたが，すでに生活，生産，所有の主体ではなくなりつつあった。生活単位は家に共住する二世代ほどの家族で，財産はその家族の子が相続した。

2.2 中世の氏族制度

氏族は軍事的，政治的，宗教的に，共通の祖先がいるという意識で結ばれていた。氏族の構成員に対して外からの危害が及ぶと，氏族は全員が復讐のための闘いに参加した。争いは個人や家族ではなく，氏族単位で解決された。宗教的にも氏族集団が当事者となり，霊をいやすための祈りを期待して，修道院や教会への土地の寄進が行われた。

6世紀から11世紀頃に，氏族共同体は家族共同体に徐々に道を譲った。家族（世帯：household）が経済の基礎単位となった。家族は家父長の父母，家父長，その妻，独身の兄弟姉妹，家父長の子供，そして1〜2人の奴隷からなっていた。家族単位は時代とともに，さらに縮小して，兄弟姉妹が徐々に独立の家計を創出するようになった。家族は特定の教会や修道院に司牧を担当してもらう形で，死者の供養や相互の扶助を行うようになった。農業生産技術の向上や気候の温暖化のおかげで，人口は着実に増加していた。

2.3 家門

10世紀頃から，貴族は居城を中心に，一円的に領域を支配するようになった。貴族の家門（姓）は11世紀頃に形成された。城の名前が家名とされ，閉

鎖的で男系の貴族の家門が登場した。それまでは氏族の名前はあったが，家族の名前（姓）はなかった。家門が登場する前は，貴族の血統はたどるのが困難であった。

2.4 散村

中世初期の集落は散村であった。タキトゥス（Tacitus：後56年頃～117年頃）の『ゲルマーニア』（98年頃）の第16章では，ゲルマン人の村は少数の自由人と隷属民からなっていて，散村の形式をとっていると記録された。

> ゲルマーニア諸族には1つも都市（urbs）に住むものがないこと，また彼らはその住居（sedes）が互に密接してゐることに，堪へることさへできないのは，人の知るところである。彼らは，泉が，野原が，林が，その心に適ふままに，散り散りに分かれて住居を営む。
> 出典：タキトゥス（田中秀央，泉井久之助訳）『ゲルマーニア』岩波文庫，1953年，p.65。

メロヴィング王朝期（486～751）には1戸あたり5～10人ほどが共住している村が生まれてきた。全体で，3戸からせいぜい10戸内外のルーズな小村（散村）であったが，共同耕地も作られるようになった。

2.5 人口増大

7世紀頃から人口が徐々に増大した。年率1％ほどで人口が増大した。12世紀までに，西欧で5,000万人，1300年頃のピーク時で，7,000万人の人口があった。

『ドゥームズディ・ブック』（Domesday Book, 1086年）ではイングランド王国の総人口が約130万人であったが，1346年には約380万人となった。別の推計では，ドゥームズディ・ブック時代に200万人，1290年代に600万人と

なっている。その他の国も同様で，フランスでは1100年の620万人から1328年に2,000万人強に，ドイツでは同時期に400万人から900万人に，イタリアでは500万人から800万人に増大した。

14世紀に人口増大は止まり，1347〜1350年の黒死病で人口は激減した。イギリスでは，1450年まで250万人の水準を回復できなかった。

2.6　中世中期の集落：集村

人口の増大に歩調をあわせるかのように，カロリング王朝期（751〜987）に集村化現象が見られた。

これによって，戸数20戸内外の農家が村の中央に集まる集村が生まれてきた。集村では，村を通る道をはさんで，両側に農家が建築されるようになった。村の周囲には，共同耕地が広がり，その数は6〜10枚，中には20枚も用意した村もあった。このような共同耕地が最終的に，三圃制で運用されるようになった。

2.9　村落共同体内の家族

家族は独立生計を営むのが困難であった。家族は村落共同体という自治的扶助組織を必要とした。家族を守る村は，村落の慣習の確認という形で，領主と村の間の係争を解決するようになった。フランスでは，慣習法特許状が村に付与された。ドイツでは，領主の裁判集会で慣習が朗読され，領主はその記録である判告書を保持するようになった。

慣習法が制度化されるに従って，農民は個別の人身支配から解放されるようになったが，それは同時に，村落共同体を中心とした，領主による領域支配への道を開くものであった。

家族の絆は黙約共同体とも呼ばれる同居人共有財産制で強固になる。共有者になろうとするものは，「1年と1日」同じ屋根の下で暮らし，同じ食卓に座る必要があった。これが家族である。共有者の一人が家を出て行くときには，

財産の放棄を意味した。

2.10 相続形式

　ヨーロッパでも，多くの地方は長子相続が一般的であった。その他に，兄弟が財産を等分する形式もあったし，末子相続もあった。12世紀半ばからブルターニュ伯がシトー会，テンプル騎士団，聖ヨハネ騎士団などに払い下げた未開墾の地域で末子相続が実施された。

　末子は年老いた両親の面倒をみることの代償として，財産を相続し，その末子に対してのみ権利の譲渡が可能であった。末子相続を強制した組織に加入すると，加入者はあらゆる追跡から逃れて，自由の身となった。自由を与えるという対価を提案して，シトー会等は植民活動を推進した。

参 考 文 献

ジョゼフ＝ギース，フランシス＝ギース（青島淑子訳）『中世ヨーロッパの農村の生活』講談社学術文庫，2008 年
Ch. プティ＝デュタイイ（高橋清徳訳・解説）『西洋中世のコミューン』東洋書林，1998 年
エマニュエル＝ル＝ロワ＝ラデュリ（井上幸治他訳）『モンタイユー：ピレネーの村 1294～1324』（上・下），刀水歴史全書，1990, 91 年
ロベール＝フォシェ（渡辺節夫訳）『ヨーロッパ中世社会と農民』杉山書店，1987 年
マルク＝ブロック（新村猛他訳）『封建社会』（1, 2）みすず書房，1973, 77 年

第5章
荘園制度

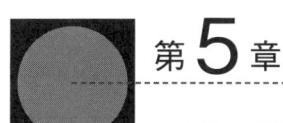

1 荘園制

　荘園制（manorial system）は中世が始まった頃から存在し，その形式を問わなければ，19世紀まで続いた。各荘園には領主がいて，領主は農民をさまざまに指図していた。近代への転換期には，領主は地主とほぼ同義となる。

　中世では，大きく分けて，国王の法または世俗の法と，宗教の法または神の法と，共同体の法または慣習法とが存在した。地域によって慣習が異なるので，地域の数だけ，異なる法が適用された。

　慣習は12～13世紀に，村の慣行や領主への負担などを明文の法で規定する形で，法制度化された。慣習法は少なくとも荘園裁判所に実際に記録された。村落の運営は基本的には民主的であり，多数決が重視されたが，見識ある長老によって待ったをかけられ，共同体の慣習の判定がなされることもあった。領主が村に介入するのは，弱者を地方豪族の手から保護する限り，正当であった。しかし，慣習はしばしば因習となり，保護は暴君を作り出すものとなった。

1.1 荘園と領主

　領主が支配する領域が荘園（manor）と呼ばれる。フランスには「領主のいない土地はない」という格言がある。全国に荘園がはりめぐらされた。現代人

には，荘園は村落を単位として形成され，統治者は一人の領主であった，という図式が理解しやすい。しかし，中世社会は地縁の他に，身分，血筋，武力，財力，道義心などなど，さまざまな力で動いていたので，しばしば複雑な配置図，支配・隷属関係が生み出された。

　研究史上，西欧の荘園は古典荘園と純粋荘園（地代荘園）に区別される。古典荘園は領主直営地で賦役労働が行われるのに対して，純粋荘園は農民に土地を貸して，地代（貢租）を取得するという形式をとる。中世の初期には古典荘園が多く，盛期以降，地代荘園が増えるという意味では，この区別は時期的な類型である。山岳地帯には地代荘園が多く，平野部には古典荘園が多かったという意味では，地理的な類型でもある。

1.2　古典荘園

　9世紀頃，農村のウィラに2つの領域が区別されるようになった。領主が直接経営する領主直営地と農民が耕作する農民保有地である。

　ウィラは領主の館を中心として，農村支配の拠点になった。領主直営地は大農場であり，おそらく隷属農民の土地とは混在していなかった。13世紀頃までの数世紀の間に，農民保有地は大きく2つに分類されるようになった。一つは自由な保有地である場合で，領民はわずかの年地代以外の負担はなかった。それに対して，不自由な保有地である場合には，領民は社会的・経済的な支配を受け，農奴となった。この農奴制を伴う荘園制が典型的な古典荘園制である。

　古典荘園では，所領明細帳が作成され，統合的な管理が行われた。領主が別の場所に居を構えるときには，領主によって任命された荘官が荘園を管理した。領主直営地では農奴の賦役労働のほか，日常的に僕婢が労働に従事していた。

1.3 純粋荘園（地代荘園）

　図式的に言えば，純粋荘園または地代荘園には，領主直営地はない。農民は領主に対して賦役労働を実施するのではなく，モノで地代を支払った。そのモノは現物である場合もあったが，貨幣での支払いも想定されている。

　古典荘園が普及したカロリング時代にも地代荘園は存在した。領主直営地型の荘園を有した領主でも，地方・遠方に散在する所領に対しては，直接に経営するよりも，地代とひきかえに，その運営を任せたほうが効率的であった。

1.4 領主直営地の消滅

　13世紀頃から徐々に賦役の金納化（commutation）が始まる。何かを別のもので表現するという変化が，歴史上，散見される。賦役の金納化もその一つである。それまで賦役労働として，実際に領主直営地で働いていた分を，金銭的な支払いで代替させた。

　領主直営地で働いて，その収穫物を領主館にある納屋に納めるのと，領主直営地を農民の保有地に組み込んだことにして，その収穫物を領主の納屋に納めるのとでは，意識の違いがあるだけで，現実には，ほとんど違いがない。実際の収穫物ではなく，金銭で納めるとしても，同様である。領主直営地の収穫物を運搬し，市場で貨幣に交換する賦役労働に従事するのと，隷農の保有地の収穫物を市場で換金して，地代で支払うのと，どれほどの差があるであろうか。農民の負担の内容にはあまり差がないが，形式は逆転する。逆転するので，歴史が動く。

　金納化で，少なくとも帳簿上は金銭的な評価はなされたであろうが，金納化によって，地代として直ちに実際の硬貨での支払いが強行されたとは考えがたい。実際，13世紀に金納化が始まった荘園でもまた賦役労働に戻った場合もある。

　遅くとも多くの地域で，15世紀までに賦役労働が見られなくなり，地代での支払いが一般的になった。ただし，領主屋敷で暮らす僕婢や日給で雇った農

民の賃労働で，領主直営地が耕作され続けた場合もある。

1.5 荘園の管理

　有力な貴族や修道院の場合には，古典荘園はヨーロッパの各地に散在した。季節や地域によって異なる産物を市場を通さなくても，確保できた。領主が複数の荘園を領有する時には，血筋が正しく，身分のある差配・執事が荘園の管理人として派遣された。主人が領地に派遣する管理人はしばしば尊大で，横暴であった。彼らは家の子，郎党と呼ばれた。村民の中からも管理人が選ばれることもあり，領主の承認を受けて，直営地の管理に当たった。

1.6 荘園と村落

　領主側から見ると，共同で動く村落をまるごと抱え込むほうが，村落に対する支配力を強めることができる。領主の直営地と農民の保有地の配分の仕方を決定する時や，裁判を通じて領主の意志を農民に伝える際に，荘園と村落が一致していたほうが統治しやすい。しかし，一つの村落に複数の領主が存在する場合があり，その時には，村落と荘園は一致しない。

　村落と荘園が一致していない場所では，領主権力も弱く，領主による農民の収奪の力も弱かった。このような農村は高度に発達した村落ではなく，三圃式農法が採用できないほど地力の劣った村や，農業より牧畜に経済の重心を置いている山間部の村落の場合が多い。

　他方，村落と荘園が一致している場合には，大抵，その村落は高度な農業生産性を誇っていて，多くは三圃式農法が実施されていた。ここでは，領主権力も強く，多くの領主は身分も高く，また多数の荘園を支配していた。

2　領主制

　領主は，国王と同格の，血筋の正しい貴族からなる上級領主から，諸侯の従

者にすぎない下級領主まで存在した。国王や領邦君主も領主の一人であった。その他に，大司教，司教，大修道院長，女子大修道院長などの高位聖職者はもちろん，聖堂参事会員や司祭，騎士，市民，聖俗の団体も領主になった。

2.1 一円領主

各地に散在する荘園ではなく，一円的で一定の地域を支配するという限定的な意味での領主と呼ばれる人たちは12世紀頃までに各地で登場した。領主は櫓，城塞，土塁，城を領有した。

周辺住民を支配する拠点となった城塞は11世紀〜12世紀に出現した。城塞の建築は，990年代から1110年代にかけて，「平和」の制度が浸透したのと，ほぼ同時並行的であった。

聖職者，貧民，婦女子といった弱者に教会の保護を与える運動を神の平和運動という。平和を実現するために，貴族の暴力を特定の曜日・期間に禁止したものを神の休戦という。そのような平和運動が11〜12世紀に盛んに行われた。教会を荒らし，聖職者に乱暴し，農民の家畜を奪うものは何人であれ，破門することが司教会議で決議された。神の平和は1059年のラテラノ宗教会議と1095年のクレルモン宗教会議で確定された。

領主が一円的な地縁支配を実現し，その地域での平和を確保しようとした頃，農村でも地縁的共同体が生まれ始めた。

2.2 聖界所領

聖界は理念上，軍事力を持たないため，庇護者を必要とした。庇護者の多くは王や伯であった。異端者に対する火刑のように，宗教裁判で処刑が求められても，世俗の君主が実際に刑を執行した。

12世紀に組織された騎士修道会は半ば聖界に所属し，半ば世俗の軍事活動に従事した。荘園領主として腐敗した聖界に対する批判として，13世紀のフランシスコ会，ドミニコ会，カルメル会などの托鉢修道会が生まれた。托鉢修

道会は当初，清貧の理想を実現しようと土地獲得を拒否していた。

　西欧の修道院運動の創始者であるベネディクト会は「祈り働け」の標語で有名である。その改革派の一つシトー派修道会は他人の労働を利用することを拒否したので，1160年以降，従属民を持たないかわりに，賃金で雇用することにした。修道士は所領を再統合し，農民を排除し，耕地を囲い込み，先端的な直接経営に乗り出した。

2.3　領主権

　領主が土地に対する領有権を主張するときには，領主は農民に土地を保有させる代償として，地代や労働の提供を求める。領主が裁判権という形の支配権を有するときには，流血裁判権を中心とした政治的な支配が行われた。裁判領主は罰金等の裁判収入，領民への課税，労役強制，使用強制，通行税収入など，さまざまな権利を主張した。中世の初期には荘民を人身的に支配する体僕領主が存在したが，これは農奴制の消滅とともに消滅した。

　12世紀〜14世紀に，これらの領主権は分裂する傾向にあり，極端な場合には，1人の農民が3人の領主を持つ場合があった。たとえば，ある農民は，裁判領主としてのある騎士の領民であり，土地領主としてのある修道院長の土地保有農民であり，体僕領主としてのある司教の農奴であるという三重の従属関係に立つこともあった。

2.4　フーフェ制

　各家族はドイツ語でフーフェ（Hufe）と呼ばれる単位によって，その生計をたてていた。フーフェは家屋と菜園，耕地，共同地用益権からなっていた。フーフェを保有する家族は，近隣に住む親戚・村人との間で，贈与交換しながら自活した。時には市場に出向き，都市の生産物と，農民が作った農産物を交換していた。フーフェは自給の単位であり，徴税の単位であった。

　フーフェの大きさはカロリング期に，5〜30ヘクタールであったと見られて

いる。フーフェは平均で13ヘクタールほどであったが，耕地だけを見ると，平均で4ヘクタールであった。当初はフーフェを経営している家族とともに暮らしていた家内奴隷は次第に独立して，土地を保有する農民になった。

パリのサン・ジェルマン・デ・プレ修道院は360km^{2}ほどの，各地に分散する25の領地から構成されていた。農民保有地と領主直営地はほぼ等分されていた。フランスではフーフェをマンスというが，この修道院では，全体で約1,470マンスの保有地があった。マンス保有農の賦役と家内奴隷の労働で，領主直営地が経営された。

2.5 フーフェ制の解体

10～12世紀には，フランス語でカルチェ（quartier），英語でヴァーギット（virgate）と呼ばれる単位が成立した。フーフェは11世紀頃まで英語でハイド（hide）と呼ばれ，120エーカーほどの単位であったが，ヴァーギットは4分の1の約30エーカー（約12ヘクタール）であった。ただし，面積はさまざまで，これらの単位は家族や徴税の単位と理解したほうがいい。

この傾向がさらに進んで，13～14世紀には，フーフェやカルチェのようなまとまりのある単位ではなく，地条の数，すなわち保有地の面積が徐々に徴税の単位になってきた。それに伴って，13世紀頃には，農村でも単婚小家族が成立したといわれる。

13世紀後半のイングランドの例では，自立した生活をするのに，半ヴァーギットの土地が必要であった。大荘園では自立した農民が多い。小荘園では，半ヴァーギットに満たない農民が多く存在した。自立できない農民は領主の土地で賃労働に従事して，生活を支えた。村落と荘園が一致する大荘園では，平均的農民が多数存在し，彼らは直営地での賦役労働に従事しながら，自分の土地で自立した経済を営んでいた。

参考文献

國方敬司・直江眞一編『史料が語る中世ヨーロッパ』刀水書房，2004年
ハンス＝Ｋ＝シュルツェ（千葉徳夫他訳）『西欧中世史事典：国制と社会組織』ミネルヴァ書房，1997年
佐藤彰一・早川良弥編著『継承と創造』（西欧中世史：上）ミネルヴァ書房，1995年
江川温・服部良久編著『成長と飽和』（西欧中世史：中）ミネルヴァ書房，1995年
朝治啓三・江川温・服部良久編著『危機と再編』（西欧中世史：下）ミネルヴァ書房，1995年
國方敬司『中世イングランドにおける領主支配と農民』刀水書房，1993年

第6章 身分制度

1 中世盛期の農民

　中世初期，さまざまな隷属農民がいた。彼らは総称して，ファミリアと呼ばれた。12～14世紀頃には，農民は大きく分けると，自由民と隷農で構成された。隷農（villein）はウィラ（villa）に属している人という意味が，本来の意味である。隷農は中世初期には，農奴（serf），すなわち，土地とともに売買可能な身分であった。隷農はのちには慣習保有農（customary tenant）とも呼ばれるようになる。イギリスでは1381年のワット・タイラーの乱で，農奴解放が本格化し，エドワード6世時代（1547～53）までに，隷農の存在はまれになった。

1.1 隷農の割合

　1086年に作成されたドゥームズディ・ブックという検地帳では，イングランドの農民人口の14％が自由農，10.5％が奴隷，32％が小農民，残り40％ほどが農奴であった。この割合の地域的偏差は大きく，自由農が多かったデーンロウ地方，特にリンカンシャ，ノーフォク，サフォーク，ノッティンガムシャ，レスターシャでは，30～51％の農民が自由農であり，この地域にイングランドの自由農の85％が集まっていた。残りの州の自由農の割合の平均は3％である。奴隷は地域差が少なかったが，南部諸州には全体の6割の奴隷がいた。

1.2 隷農の隷属性

隷農は領主の意思に従う。しかし,隷農は奴隷のように売買されることはない。原則として,13世紀のイギリスの法律家ヘンリー・ブラクトン(Henry Bracton:1210頃~1268)によると,「農奴は彼らの土地から切り離されないという特権を享受している」。奴隷であれば,土地から切り離して,転売できるが,農奴が売りに出されることはなく,荘園が売買されるだけである。

また,隷農は農奴解放の特許状を領主から購入して,自分の地位を改善できたが,現実には自由身分の購入は,それほど行われた形跡がない。しかし,隷属身分が不満の種になったのは間違いないし,自由身分が尊重されてもいた。隷属身分から解放される方法は身請けの他にも,都市に逃げるという手もあった。隷農が一度荘園の外に出て,都市で1年と1日,隷農であることが証明されないで生活できれば,隷属民の地位から解放されて,自由民となった。

1.3 週賦役

領主への無償奉仕の労働である賦役を負担したのは隷農だけであった。城塞・土塁の建設も賦役労働でなされた。

週賦役では,1週間に2~3日の賦役労働が強制された。数キロ離れた場所に領主直営地がある場合は,農民は賦役を嫌った。そして,13世紀にはこのような直営地は常雇いの農民が耕すようになった。

1.4 その他の賦役労働

週賦役と同様に,農繁期には別の賦役があった。これは恩寵賦役と呼ばれ,領主は農民に恩寵を施さなければならなかった。恩寵は飲食物が多かった。そのため,これには多くの自由民が参加した。作業の内容は,乾草刈り,穀物の収穫,剪毛・洗毛等があった。

農民が領主直営地の一定面積を割り当てられた定地賦役はほとんど地代と同じであった。農民は領主から種子を提供され,自分の責任で耕作した。「農民

の労働と農民の費用によって」,領主直営地が経営された。

　農奴はさまざまな運搬賦役にも従事した。所領内での運搬賦役では,ヨーロッパ各地に分散する多数の領主直営地から,上級管理庁や都市の穀物倉庫へ,収穫物等を運搬した。所領外への運搬賦役もあり,市場で販売するために,生産物を運搬した。

　農奴は工業賦役にも従事した。都市の高級な手工業製品のほかに,農奴達が日常的に消費できるビールを醸造したり,パン・衣服・布・木工製品を製造したりした。この場合,領主が原材料を提供し,農民がそれを無償で生産するという形式をとった場合が多い。

1.5　賦役の金納化

　12～13世紀に,徐々に農奴は解放された。直営地が解体され,賦役が消滅した。賦役の貨幣での代替は,イギリス史では賦役の金納化と呼ばれ,12世紀頃から開始された。13世紀になると,大所領でも直営地の賦役労働で作られた生産物の販売収入よりも,農民の貨幣地代での収入のほうが多くなる。

　なお,12世紀半ばは農村市場の開花期ともいわれる。生産物を市場で販売して得た貨幣収入で地代を払った。

1.6　隷農の負担

　隷農はどれほど税金を払っていたのであろうか。フランスのある推計によると,種に換算して,翌年の播種用の備蓄部分が収穫量の10%,十分の一税が10%,土地の賃借料が10%,タイユ税が20%,裁判科料・買戻し税・臨時職務が10～15%であった。残りが農民の可処分所得になる。

　現代と同様に,隷農は相続税を支払った。最初は武具や馬などを領主に返還する封建的義務であった。のちに,農民の最良の家畜で支払われるようになった。隷農の土地は単なる保有権にすぎなかった。隷農が死亡した時には,その土地は領主に譲渡され,そして,認可されるという形式で,土地が相続され

た。

結婚税または領外婚姻税は，隷農の娘，時には息子が結婚によって荘園の外に出る時に支払われた。これは自由身分の農民も支払った。

1.7 罰令権

水車の使用強制のように，領主が領民に対して強制的に命令する権利を罰令権（［仏］ban，［独］Bann）という。バン領主制はフランスでもっとも普及した制度であるが，イギリスでも，水車の使用強制などの同様な領主権の発動はあった。「領主は臣下を強制でき，また，すべきである」と，領民が認めるような領主の権利がバンと表現された。水車は回転運動を往復運動に転化するカム軸の採用で，11〜12世紀以降，急速に普及した。領主の水車で脱穀した場合には，隷農は1/12，自由民は1/24の小麦粉または貨幣を支払った。

使用だけでなく，販売も強制された。ビールは製造や販売も領主の手に握られた場合があった。フランスではブドウ酒のバンがあった。領主は数週間，ブドウ酒の販売独占権を行使した。これらの強制が領主によっては収入の40％に達した。

1.8 十分の一税，裁判

カール大帝の時代に，信者はすべて教会に十分の一税を払うと定められた。

十分の一税は本来，教会に支払われるものであったが，実際の取得者は教会の代理人になってしまった。その多くは世俗の領主であった。そのため，11世紀末のグレゴリー改革（1050〜1080年頃）の一貫として，十分の一税を宗教界に返すようにと主張された。実際に，寄進や買戻しで，宗教界に戻ってきた十分の一税もあった。

領主は裁判権を持つことで，罰金を初めとして，さまざまな手数料収入を得た。上級裁判権は死罪を伴う訴訟であり，立証手段としての決闘を認める訴訟であった。下級裁判権は軽犯罪を扱い，保有地に関する訴訟が多かった。隷農

は荘園裁判所だけに訴える権利を持ち，自由民のように国王の裁判所に提訴することはできなかった。

1.9 地代帳でみる身分の変遷

ある荘園の地代帳では，13 世紀まで，その記載は身分によって区別されていた。14 世紀からは村落で区分したうえで，身分を補助的に用いるようになった。村落共同体の存在を地代帳で確認できる。15 世紀になると，身分による区別がなくなると同時に，賦役もほぼ消滅する。15 世紀には地代帳は土地の区別だけで記載されるようになった。

2 絶対王政期の身分階層

イギリス史ではテューダー朝（1485-1603）の時代を絶対王政期と理解することが多い。この前後の時期に，農民たちは共同体に守られながら，自分の財産を確保して，なんとか「土地」にしがみつこうとした。

領主への直接的な隷属から徐々に解放されて，土地を媒介とする関係に変化したのがこの時期である。保護・忠誠，支配・隷属の人間関係が物象化した。その傾向が完成した現代では，中世的支配・隷属が金銭や財産，すなわち「経済」で表現できるようになり，それ以外は個人的趣味の世界になってしまった。

農民は領主との関係ではなく，土地や共同体との関係で，自由保有農，慣習保有農，謄本保有農，定期借地農，任意借地農といった名称で呼ばれるようになった。

2.1 支配階層

貴族は国王から直接，公侯伯子男の爵位を授けられた。年収 1 万ポンド以上あれば，誰から見ても立派な貴族であった。称号は保有していないが，貴族に

近い身分に騎士，郷士，紳士と呼ばれる人たちがいて，一括して，ジェントリ (gentry) と表現された。ジェントリ以上の階層はイギリスの全人口の数パーセント，2万人以下であったと推計されている。

　荘園領主になれば，ジェントリの一員である。都市であれば，市参事会員や商人はたいていジェントリである。法律家，行政官，医師などの専門職に従事している人たちも階層としては，ジェントリである。その多くは当時の金額で，年収100ポンド以上は得ていた。

2.2　中産階層，下層階層

　村の大立者はたいていヨーマン (yeoman) と呼ばれる。彼らは通常，2〜3家族以上を養えるほどの土地保有規模を誇っていて，50エーカー以上の土地を自由保有地として保有している場合が多かった。

　ヨーマンの下に普通の農民 (husbandman) が暮らしていた。農民は他の農民たちと協力し合って暮らしていた。その他に，せいぜい数エーカー程度の土地を何らかの保有形態で保有していたにすぎない小屋住農 (cottager) もいた。小屋住農は自分の農地での生産物では足りないので，労働者として日雇い仕事に従事したり，あるいは，副業という形で紡糸や織布などで生計をたてていた。さらに，最下層には，土地のない労働者もいた。

　ヨーマンの年収は数十ポンドほどはあった。しかし，法的にはそれより低く見積もられていて，下院議員の選挙権を有する者がヨーマンと理解された。その資格は最低収入が年収40シリング以上と規定された。

　ヨーマンと同等の都市の身分は有力な手工業組合の親方であったであろうし，普通の農民は職人（小親方や雇職人）に相当していたであろう。市民革命時代には，ジェントリが将校として指揮官になり，ヨーマンが現場の軍事指導者として活躍した。

2.3 慣習保有

　1381年にワット・タイラー（Wat Tyler：1341-1381）を指導者とした農民反乱が生じた。この反乱は「アダムが耕し，エヴァが紡いだとき，誰が領主であったのか」（When Adam delved and Eva span, Who was then the gentleman?）という標語で有名である。この反乱はロンドンを開城し，国王から農奴解放の勅許状を受け取るほどには成功したが，最終的には反乱民は国王軍に蹴散らされた。その意味で，人身隷属からの解放を求めたこの反乱は半ば成功，実質上敗北した。しかし，それから半世紀ほどかけて，農民層は農奴ではなくなり，慣習で守られた農民に変化した。

　慣習で農地を保有する農民の中でも，任意借地農や慣習保有農の力は弱い。任意借地農の「任意」は「領主の意思に従って」（at the will of the lord）という意味である。慣習保有農は慣習に守られている農民であるので，村落共同体の力次第で，任意借地農よりは法的に強くなる。荘園裁判所に保存されている謄本があれば，その慣習はさらに強固になる。その意味で，謄本保有農がもっとも土地との関係を強力に主張できる身分である。

　封建的土地保有には自由と不自由があり，任意借地農はもちろん，謄本保有農でも，その保有権は不自由土地保有である。土地所有権を認めた市民革命後に，謄本保有は原則として廃止の方向性が打ち出された。最終的に，1926年の法改正で謄本保有はすべて自由保有となった。前年の1925年の財産法で絶対的な私的土地所有が認められた。

参 考 文 献

R. H. ヒルトン（松村平一郎訳）『中世イギリス農奴制の衰退』早稲田大学出版部，1998年
イギリス中世史研究会編『中世イングランドの社会と国家』山川出版社，1994年
村岡健次（他編）『ジェントルマン：その周辺とイギリス近代』ミネルヴァ書房，1987年
三好洋子『イングランド王国の成立』吉川弘文館，1967年

第 2 部　中世の経済・社会

ヒルトン・フェイガン（田中浩・武居良明共訳）『イギリス農民戦争：1381 年の農民一揆』未来社，1961 年

第7章 中世の農業

1 三圃式農法

　ヨーロッパの中世農業は三圃式農法（three-field system）が利用された。図式化すると，村落全体が3つの耕圃（field）に分けられ，その耕圃が毎年，交互に冬穀物栽培地，春穀物栽培地，休閑地として利用された。しかし，個々の農民が自分の土地で同じ形式の輪作を採用しても，三圃式農法とは言わない。三圃式農法は村落共同体が実施した。

　三圃式農法はほぼ中世とともに始まり，19世紀に現代の農業にとってかわられるまで，続いた農法である。

1.1　移動耕作

　中世のヨーロッパでは，移動耕作を実施している地域も多かった。森林や荒地を切り開いて，多くの場合，火を放つ。焼畑農業は移動耕作の一つである。

　移動耕作では，耕地を作ったあと，1年目に可能であれば，小麦や大麦などの重要な穀物を栽培する。2年目は地力が落ちても収穫できる燕麦が栽培される。燕麦がもう1年，栽培されることもあるが，通常は，ここで穀物栽培を終えて，自然に戻す。自然が地力を回復してくれるまで，通常，20～30年をかける。

1.2 共同耕地，開放耕地，地条農業

　三圃式農法が実施される農地は共同耕地（common field）であり，開放耕地（open field）である。耕地の中に，個々の農民の地条があり，地条単位で農作業が実施されるので，地条農業（strip farming）とも表現される。

　穀物が栽培される耕地と干し草を収穫する採草地が個々の農民に割り当てられ，それが地条と表現される。収穫後，あるいは，休閑地では，耕地・採草地ともに，それらの地条は開放され，共同体成員の家畜の共同放牧に利用された。そのため開放耕地と呼ばれる。

　これらの運営の仕方を個々の農民ではなく，耕作者全員で決定した。その決定は荘園裁判所で慣習として守られた。荘園裁判所は村のパブ（酒場）で開かれることもある。日常的にはパブは社交場であったのかもしれないが，集会が開かれるときには，農民は正装で集まり，領主またはその代理人の采配に従って，法を執行した。権威によって守られた慣習は力で強制された。

　そのようにして，村落共同体が農作業全般を運営したので，その耕地は共同耕地と呼ばれる。今流に言えば，農村全体が一つの企業となって，村長にあたる人を中心に，農産物の生産計画が練られる。個々の農民に利益は付属するが，農作業の計画は共同で策定される。

1.3 三圃式農法の外延

　中世ヨーロッパ，特にイギリスの中央部，フランスの北部，ドイツの南部に多い肥沃な土地で，三圃式農法が展開した。三圃式で運営できるほど，地味が肥えた地域に三圃式農法が展開した。

　輪作に利用されている耕圃が2枚あれば，二圃式といい，4枚あれば四圃式と表現される。これらは，総じて，輪圃式農業という。二圃式は生産性が低い時代や地味がやせた南欧や北欧で実施された。それに対して，四圃式は近代的な農業である。

　耕圃の中に，穀物栽培の最小単位となる地条のほか，川・丘・谷などの地形

に応じて，ひとまとまりの耕区が作られる。耕区をいくつかあわせて，輪作の単位としての耕圃が形成される。

1.4 三圃の作物

三圃式農法の一つの耕圃では，必ず，秋蒔きの穀物が栽培される。これがもっとも重要な穀物畑となる。通常，小麦が中心となるが，地域によっては，ライ麦も使われる。小麦とライ麦が混作されて，マズリンと呼ばれることもある。秋蒔きの穀物でパンを作る。

別の耕圃では，春蒔きの穀物が栽培される。大麦からは主にビールが作られる。この耕圃で燕麦もよく栽培される。オートミールのように，燕麦は人間の食料にもなるが，家畜の飼料ともなった。通常，燕麦は馬の飼料として理解されているが，家禽や牛に与えれらることもある。春蒔きのこの耕圃でしばしば豆類も栽培された。

最後の耕圃は休閑地となる。休閑地は何も栽培しないで，家畜に開放されている土地である。家畜が放牧されて，糞が肥料となり，地力が回復した。

1.5 中世の農業改良（土壌改良）

1250年頃から，土壌の改良が要求されるようになった。肥料の3大要素は窒素，リン酸，カリである。その次にカルシウム，マグネシウムが重視される。酸性土壌を改良するため，泥灰土や石灰が利用された。これはすでに古代から知られていた方法である。

カリ肥料として，草木灰も散布された。二番刈のあとの採草地，あるいは，藁や藪に火を放って，これをカリ肥料とした。焼畑と同じ技術であるが，この技術は11～12世紀に確立した。

人間の排泄物や食べかすの利用は家畜の糞と比較すると，重視されなかった。都市近郊の農民が市民の家の排泄物を収集するのは「フランドル風肥料」と表現された。人糞の利用は稀で，西欧の肥料は家畜の糞でまかなわれた。

1.6 犂

　三圃式農法が実施された土地は粘土質の肥沃な農地が中心であった。ここでは無輪犂は使いづらかった。有輪犂は11世紀後半以降，北フランス，イングランドなどで定着した。ドイツ語のモルゲン（Morgen）という耕地面積の単位は「朝」という言葉と同じで，一日に耕すことができる面積を意味した。同じように，英語のエーカー（acre）という面積を表す単語は，2頭の雄牛で耕すことができる土地を意味していたが，エドワード1世（在位1239〜1307）の時代以降，法令で特定の面積を表すものとして定義され，最終的に約4,047m^{2}を表すようになった。

　20世紀はじめの西洋中世史研究の第一人者であったマルク・ブロックによって，回転が困難な有輪犂を利用したので，細長い地条がうまれたという仮説が作られて以来，20m×200mほどの細長い地条の形を説明するときに，この仮説で説明されてきた。

1.7 採草地

　冬季の家畜の飼料をまかなうため，低湿地で，よく牧草が繁茂する土地が採草地として選ばれた。家畜用の干草を採るために必要なので，農地と同様，農民の持ち分が決まっていた。採草地がいくつかの区画に区切られて，それぞれを各農民が自分の干草刈の場所として，確保した。

　三圃式農法では慢性的に干草不足が続き，秋に家畜がほふられ，薫製・塩漬けの肉として保存された。そして，肉を美味しくたべるため，東洋からのコショウが求められたと説明されてきた。真偽はともかく，時には血の一滴も残さないように処理され，牛は食べつくされた。

　家畜のために放牧地も選定された。村が雇っている牧童に任せて，日常的に，農民の家畜が放牧された。

1.8 入会地

　入会地(commons)ほど，中世的農業の象徴になるものはない。入会地は森であり，魚が泳いでいる川や沼地であり，人間から見て豊かな自然のある土地であった。入会地が意識されたのがいつかは，定かではない。村落が村落の用益のために利用・管理している土地が入会地である。

　入会地を利用するときの規則は寄合で決定され，村法として，誰もが遵守すべきものとなった。入会地の使用・収益・処分の仕方は共同体成員が決めた。よそ者には入会権は与えられなかった。領主は入会地の領有者として村落の入会権をしばしば無視して，その資源を活用したため，村と衝突した。

　共同体成員には放牧権，木材伐採権，薪炭採取・泥炭採掘権，漁業権などの入会権が与えられた。その権利は耕地面積や家屋に従って，割り当てられていた。入会権はその地で居住し，労働を加える者だけに用益権として与えられた。ところが，16〜17世紀には，入会権や放牧権などの権利自体が物権として，売買や賃貸の対象になり始めた。共同体の崩壊が始まる。

2　穀草式農法

　三圃式農法が行われていた農地で，15世紀頃から，徐々に転換農法やレイ農法(ley farming)と表現される農業が生まれた。これは穀草式農法とも表現される。穀物栽培を2〜3年続けたあと，牧草地に転換して，数年〜十数年間，その状態を保つので，穀草式農法といわれたり，転換農法と表現されたりする。穀物を栽培するときには，通常の三圃式農法と異なることはなく，農地も，三圃式農法で利用していた土地の一角を切り取るようにして利用した場合が多い。その意味で，穀草式農法は三圃式農法の中で育まれ，その中で実施された農業であった。

　レイ(ley)は一時的草地を意味する。レイ農法は穀物を栽培している土地を一時的に草地にする農業である。三圃式農法で1年間，休閑地を作って，そ

こが草地になることは，レイとは表現しない。数年間，通常であれば，その地条だけ囲い込んで草地にする。

三圃式農法では穀物を栽培する耕地と，干草を収穫する採草地が画然と区別されていた。それは永久耕地，永久牧草地として利用されたと理解される。それに対して，穀草式農法では耕地も牧草地も一時的なものにすぎない。

2.1　外圃・内圃制度

穀草式農法に似たものに外圃・内圃制（outfield-infield system）という農法がある。これはスコットランドやアイルランドなど，ケルト的要素が濃い地方に見られた。内圃では，施肥を伴う穀物の連作が実施された。一般的には大麦・燕麦・燕麦という形式がとられた。外圃では，4～5年間燕麦を連作したのち，5～6年間草地化するという形式で耕作されていた。この外圃の栽培形式は，穀物の連作を行って，そのあと草地化するという点で，穀草式農法と同じであった。

しかし，外圃では連作によって地力が失われた土地が見捨てられて牧草地になるのに対して，レイ農法では，計画的に地力を回復するために，耕地が牧草地化された。レイ農法の場合，レイで地力が回復しただけでなく，生産性があがって，三圃式農法より小麦，ライ麦，大麦の収量が増えた。

2.2　穀草式農法への転換方法

牧草地を耕地化して，穀草式農法を実施することもあった。永久牧草地に大青や亜麻が栽培され，耕地化された。大青は藍色の染料になる植物である。亜麻はリネンの原料となる。

大青や亜麻は農場の所有者が栽培するのではなく，大青行商人や亜麻行商人が土地所有者との協定の下に栽培した。彼らは大青や亜麻を収穫したのち，数回，穀物を栽培した。それから，その土地を離れて，他の土地に移動した。大青は2～4年間栽培されることで，害虫の駆除に貢献した。農業は害虫との闘

いである。

2.3 穀草式農法の生産性

共同耕地式農法（三圃式農法）では種子の10倍（中世の初期には3〜5倍）しか収穫できなかった。それに対して，穀草式農法では20倍近く収穫できたといわれる。しかし，穀草式農法では，穀物の栽培面積が減少したので，穀物の総収量は共同耕地式農法とあまり変わらなかったと思われる。その代わり，草地の面積が増大したので，多くの肉と牛乳を得ることができた。そのうえ，亜麻，麻，大青，獣皮，羊毛といった市場向け生産物を多く確保できるようになった。

2.4 穀草式農法の意義

穀草式農法は共同耕地式農法の破壊の第一歩であった。穀草式農法を共同耕地に導入するため，通常，耕地内に垣根を造ること（共同体の破壊）になった。

穀草式農法が普及した17世紀の半ばには，潅水牧草地も普及した。発想としてはナイル川のため池農法と同じである。冬の寒い時期に川から牧草地に水を引き込み，水をたたえる。川の水には養分が豊富に含まれているので，それだけで施肥と同じ効果が期待できた。その上，冬の間，土地が凍てつくこともなく，春になると，他の土地より早く，牧草が成長した。

参 考 文 献

加用信文『農法史序説』御茶の水書房，1996年
飯沼二郎『世界農業文化史』八坂書房，1983年
オーウィン（三澤嶽郎訳）『オープン・フィールド』御茶の水書房，1980年
G. E. ミンゲイ・E. L. ジョーンズ（亀山潔訳）『イギリス産業革命期の農業問題』成文堂，1978年
マルク＝ブロック（河野健二・飯沼二郎共訳）『フランス農村史の基本性格』創文社，1959年

第8章
中世都市

1 中世の都市

　近代オリンピックは都市で開催される。今でも，オリンピックは国威発揚的なスポーツ大会の雰囲気が残っているが，国が開催するのではない。日本人がオリンピックと同様なスポーツ大会を発想したとしたら，それはサッカーのワールドカップのように国家単位の開催を考えたかもしれない。オリンピックを支えている都市というものに，日本人はなじみが薄い。

　都市とは何か。それを考えるための，一つの大きな題材が西洋の中世都市にある。

1.1　中世都市の研究史

　19世紀の法制史研究で，中世都市は「自由と自治」の牙城であると考えられた。この発想法は帝国主義には都合がよかった。ヨーロッパはアジアやアフリカとは異なり，自由な社会である。専制政治に虐げられている不自由な社会の人民に自由を与えるためにも，ヨーロッパがアジア・アフリカを統治すべきであると考えられた。

　この考え方によると，近代の自由な市民的精神はヨーロッパの中世都市にその源流があるという結論になる。20世紀の間に，この発想法は批判されて，新しい中世都市像が生まれつつある。

1.2 中世都市の配置

　政治の中心である宮殿は都市の中にある。都市に暮らす人のために，教会や修道院といった宗教施設が整備された。都市には市場が付属して，周辺地域の商品経済の中心となった。都市が近隣の農村に工業製品を供給し，その反対給付として，食糧や工業原料を農村から手に入れた。

　市場（market）としての機能を持つ都市は，20kmほどの距離をおいて，作られていった。農民が歩いて，都市の市場に農村の生産物を売りに行ける距離である。そのような都市の中でも有力な都市は，遠隔地貿易の中継点・結節点になった。中国の絹織物や陶磁器なども，都市の大市（fair）でさばかれた。農民は常に都市に出入りしていた。

1.3 共同体としての都市

　農村には隷属性の強い荘園の手工業者や遍歴職人などがいた。彼らは都市に引き寄せられていった。12～13世紀に農村の荘園で暮らす農奴たちが自由を求めて，しばしば都市に逃散した。都市の市民には自由身分が与えられていた。都市は農奴の避難所として機能した。ドイツの法諺の一つに「Jahr und Tag」の原則がある。農奴が1年と1日，都市に定住して，連れ戻されなければ，市民と認められた。

　1年と1日の原則は都市に逃散して自由身分を得るための原則と理解することも可能であるが，「共同体」の原則と見ることも可能である。農村でも少なくとも1年は暮らさないと，その共同体の一員としては認められなかった。

1.4 自治的都市

　12～13世紀に，農村でも共同体の自治活動が展開していた。しかし，都市のほうがより強力に自治権が実現した。上級の政治権力者（国王や大諸侯）は自らの権力拡充のため，都市民に特許状を与えて，自由身分を賦与した。その結果，ドイツには「都市の空気は自由にする」（［独］Stadtluft macht frei：［英］

Town air makes free）といった法諺が生まれた。

　13世紀頃まで，国王は貴族の一人にすぎなかった。それ以降，徐々に国王は特別の存在になっていった。国王に権力が集中すると，貴族の勢力は弱体化した。この動きは宗教改革の時代まで続く。商人はその間，徐々に国王を支持する側に回った。貴族勢力が強いと，封建的権力が分立し，政治的緊張が高まった。当初，都市の自由は貴族層からも与えられたが，有力な都市は国王や皇帝から自由の特権を得るようになった。

　しかし，この図式はアルプス以北の都市である。イタリアでは，都市に有力な貴族が居住し，イタリア全体をまとめる国王はいなかった。神聖ローマ皇帝かローマ教皇を国王なみに扱おうとして，都市内の権力闘争が展開した。イタリアの都市は農村を統治した。都市は自治権を獲得する必要は全くなく，都市が国家であった。

2 中世都市の性格

　農村とは異なり，中世都市が持つ特別の性格は自由だけではなかった。都市は城壁で囲まれ，その中に商人・手工業者が密集して暮らした。都市は政治・宗教・経済・文化の中心地であっただけでなく，有事の際の防衛施設でもあった。

　軍事的な守りがないと都市とはいえない。都市は法を守らせ，魂を救済し，利益をむさぼり，知的・芸術的交流を促進し，侵略者を撃退した。

2.1 都市の物理的外観

　中世都市の共通の施設は市庁舎，市場広場，教会・修道院，市壁であった。大きな都市には宮殿や司教座聖堂が置かれた。

　都市の回りには高さ数メートルの市壁がはりめぐらされた。都市の中でも，小都市の場合には，単なる矢来や住居で防御した場合もあるため，市壁がない

と都市ではないとはいえないが，通常は，都市には強固な城門や塔を備えた城壁や堀がめぐらされていた。市壁に囲まれた空間が都市のイメージを形作る。夜間は市門を閉めて，外部との交通を遮断した。市門は重要な役割を果たすので，市長がその鍵を預かった。

都市の人口が増大すると，この市壁は邪魔になる。増大した人口を都市に取り込むために，西欧の都市は何度か，新しくその外側に市壁を建設するという行動をとった。たとえばパリはこの作業は6回も繰り返したあと，1919年にやっと，この市壁から解放された。

壁の内部では，都市民の住居のほか，都市になくてはならない施設がいくつか設けられた。市庁舎は都市の政治を預かる施設として，都市の中央部に配置されることが多かった。都市自体が市場の機能を持って登場するので，その近くに市場用の広場が設けられた。修道院はしばしば市壁の近くに設置された。中世都市が生まれる頃に修道院も建設された。

2.2 市場としての都市

農村との関係では，都市は市場として役立った。その場合，通常，週市となる。定期的に開催されるので，定期市でもある。1年に1度開催される，年市もあった。

定期市の多くは小売市場であって，農村と都市の住民がそれぞれの日常的な生産物を交換した市場である。遠隔地の商品が中心になった市場の場合，特に大市と表現されることが多い。

大市は基本的には卸売市場である。商人（merchant）という言葉も，通常は，行商は含まず，外国との交易に従事する，かなり地位の高い商人を意味する。大商人と貴族は通婚することをいとわないが，貴族が行商と結婚することは考えられない。

2.3 都市の行政

　市場では平和が求められる。物欲が飛び交う市場を秩序立てて運営するために，都市法が用意され，領主の役人が日常生活を監視した。市庁舎には市民の中から選出された有力な市民が市参事会員として集まり，都市の自治活動を推進した。市参事会員は都市行政の中心にいたので，都市領主が任命・承認することもあった。

　都市が有力になると，領主と同様に，周辺の農村や小都市に都市法を押しつけて，周辺を支配することも多かった。

　クレルヴォー修道院長で，第2回十字軍の勧説者であった聖ベルナール (Bernard of Clairvaux：1090～1153年) はパリの学生たちを前に都市化傾向を強く非難した。しかしその後，風向きが変わり，都市が文明化に果たす役割が認められるようになった。13世紀には修道院運動の中心にいたドミニコ会士やフランシスコ会士が都市に住むようになった。

2.4 都市の人口

　アルプスより北の都市は南と比較して，人口が少なかった。ロンドンは11世紀末に人口1万人，14世紀に3万人という推計がある。同様に，ドイツで最大の都市ケルンは12世紀に2万人，14世紀に4万人であった。13～14世紀に人口が2万人をこえる都市はパリの8万～20万人を別格として，大都市として，トゥールーズ (4万人)，ブリュッセル (3万人)，リューベック (2.5万人)，ランス (2万人)，ユトレヒト (2万人) などがあった。その他はたいてい，有名な都市でも1万人をこえるのがやっとであった。

　それに対して，南欧では12～14世紀に10万人をこえる都市がミラノ，ヴェネツィア，フィレンツェ，4万人以上の都市がジェノヴァ，ボローニャ，クレモナ，ピサ，ヴェローナ，シエナ，ナポリなどであった。

2.5　世紀別都市の成立状況

スイスでは，11世紀までは17都市が存在した。ジュネーヴなどの司教都市が6都市，その他に王宮や修道院を核にして，自然に成長してきたのがチューリッヒなど5都市であった。12～13世紀に，この数が激増する。12世紀に都市数が15～18都市増大し，13世紀には152～156都市が建設された。この多くは，司教や世俗領主が建設したもので，諸侯が領邦の形成や拡大のために，競争的に軍事的拠点として建設したものであった。そのため，多くの都市は領邦の周辺部に建設された。周辺の農民を都市に移住させるため，都市法や市場開設権などの特権を付与して，優遇した。14世紀に入ると，この建設ラッシュはとまり，多数の都市が都市機能を失ったり，荒廃していった。

2.6　都市という言葉

カエサルはガリアで見出した住民の定住地をラテン語でオピドゥム（oppidum）と表現した。オピドゥムは紀元前2世紀末以来の防備施設であると同時に，その政治・文化・経済の中心地であった。ここには部族の長が居住し，部族守護神の崇拝のために人々が集まり，市場が開かれた。大規模なオピドゥムの人口は数百人，時には数千人を数えた。オピドゥムは防衛の容易な高地に立地することが多かったが，アウグストゥス時代以降，平地に移った。

ヨーロッパの中世都市の中心にはキウィタス（civitas）がある。これが英語のcityの語源である。パリはケルト系パリシイ族の首邑のルテキアから生まれた。当初，ローマとの同盟契約によるもの，自由の文書によるもの，自治の保証のないものなどの，多くの区別をもつキウィタスが存在した。しかし，212年のアントニヌス勅令で，ローマ帝国のすべての自由な住民にローマの市民権が付与され，キウィタスという呼称が広まった。

コンスタンティヌス帝時代（324～337）から，司教が世俗的裁判権を獲得していて，5世紀の混乱で，司教がキウィタスの実質的首長となった。それ以降，キウィタスは司教座都市として位置づけられ，都市を表す言葉として定着

した。

　国王はキウィタスの司教に市場開設権と高級裁判権を委譲した。それによって，司教座都市は伯の権力から免れ，周辺農村から区別される特別の法領域となった。司教は商人から貢租を受け取った。貢租を支払った商人は司教区全体の関税や入市税を免除された。司教は都市の住民に対して，支配権をふるっていた。彼等は自由民であっても，司教に従属する民とみなされた。中世において，司教は市長であり，地方裁判所の長官であり，条例の制定者であった。

　古代ローマ時代末の混乱期に防備施設を持った定住地はカストルム（castrum）と呼ばれた。これは城塞（castle）である。カストルムはゲルマン語でブルク（Burg）と表現された。これはヴュルツブルク，ハンブルク，マグデブルクなどの都市名として残った。

　ブルクは英語ではバラ（borough），フランス語ではブール（bourg）と呼ばれた。しかし，10世紀以降のフランス語圏ではブールは都市の周囲に新設された集落を意味するようになった。この意味では，ブールの住民であるブルジョワ（bourgeois）はキウィタスの住民であるシトワイヤン（citoyen）から差別を受けた。

　9世紀頃には，ポルトゥス（portus：停泊地，港）とよばれる都市が河川沿いに生まれた。マーストリヒト，ケルン，ボン，マインツなどがこの類型の都市である。

参考文献

花田洋一郎『フランス中世都市制度と都市住民』九州大学出版会，2002年
森田安一『スイス中世都市史研究』山川出版社，1991年
エーディト＝エネン（佐々木克巳訳）『ヨーロッパの中世都市』岩波書店，1987年
林毅『西洋中世都市の自由と自治』敬文堂，1986年
H. ピレンヌ（佐々木克巳訳）『中世都市』創文社，1970年
H. プラーニッツ（鯖田豊之訳）『中世都市成立論』未来社，1959年

第9章 各地の中世都市

1 シャンパーニュの大市

　ヨーロッパ中世の遠隔地貿易は地中海の貿易と北海・バルト海の貿易がもっとも重要であった。この商業圏にはそれぞれ特徴がある。南欧商業は北イタリア商人が遂行した東方貿易が中心となり，奢侈品の取引が多かった。それに対して，北欧貿易は北ドイツ諸都市のハンザ貿易が話題にのぼり，日常品が取引された。北欧の場合には，ハンザだけでなく，もう一つ，フランドル地方という，ヨーロッパ経済の中心地が含まれる。そのような北と南とを結ぶ，商業路の中心に位置していたのが，シャンパーニュ地方であった。

1.1　シャンパーニュの大市の位置づけ

　イタリアから北欧の交易圏をつなぐ場所として，12世紀半ば頃からは，特にシャンパーニュの大市（foires de Champagne）が利用された。ここでは毎年4個所で，6回の大市が交替で開かれた。プロヴァンとトロワでは年2回，ラニィとバル・シュル・オーブでは年1回，開催された。シャンパーニュ伯が与えた便宜のおかげで，各地から商人が集まった。

　シャンパーニュの大市には地元の住民の他，フランスはもとより，フランドル諸都市（ヘント，ブリュージュなど）や北イタリア諸都市（ジェノヴァやヴェネツィアなど）といったヨーロッパ各地，そして，おそらくはギリシア，キプ

ロス，時にはシリアなどのオリエントからも商人が集まった。シャンパーニュの大市ではイタリア人が最大の顧客であり，彼らが14世紀に姿を消したとき，大市も衰退した。

1.2　シャンパーニュの大市の設営

　シャンパーニュの大市では，大市に商人が到着して，特別の宿泊所や倉庫を設営するのに，8～10日が当てられた。その後，10日間の布の販売が始まり，他の取引は許されなかった。それ以降，順次，革製品，毛皮，香辛料，地元の産物等の取引が開始された。

　布は外来商人の主要な品目で，布の販売が終了した後，ひと月ほどは，通貨の換算や帳簿付けの作業に費やされた。シャンパーニュの大市は交換された商品よりも，イタリアの商人銀行家が示す先端的商慣行や金融市場として重要であった。シャンパーニュの大市は「ヨーロッパの金融市場の中心」であり，ここで各種の金銭債務や，諸侯の借金なども決裁された。

1.3　大市の行政

　領主は大市を通過する商品に通行税を課した。行商人は商館や居酒屋等に宿泊し，領主は宿主から税金を徴収した。契約不履行や違約金などの裁判からも領主は収入を得ることができた。直接・間接に領主にとって年市を保護する経済的な理由があった。シャンパーニュ伯は大市に参加する商人に対しては，自領はもちろん，周辺の領地を横切る際にも，各種の条約を締結して，商人の保護を実現した。商人は安全を期待できただけでなく，略奪された場合に，損害の補償も期待できた。

　大市の平和と通商上の安全を守るために最善が尽くされたので，シャンパーニュの大市は栄えた。

1.4 シャンパーニュの大市衰退の原因

　シャンパーニュの大市は 14 世紀に衰退する。シャンパーニュに替わってブリュージュ，ケルン，フランクフルト・アム・マインの大市が栄えるようになった。シャンパーニュの大市衰退の原因として，商業の性格の変化が指摘されることがある。それまで商人は行商（遍歴商業）を行っていたのに，14 世紀には定住商業を営むようになった。

　遍歴商業に従事した商人たちは，隊商を組んで，王の宮殿や貴族の城，あるいは，修道院や各地の市を遍歴して，主に領主層の奢侈的需要にこたえて，装身具，毛皮，毛織物，ブドウ酒，香料，金属等を運搬した。ところが，遍歴商人に危険は大きかったし，旅の途中ではおいはぎによる略奪が頻発した。

　13 世紀初頭以来，代理人制，運送業，外国為替手形，海上保険，簿記が隊商商人たちの間に定着して，商業の定住現象が始まった。商人は海外の商取引の現場からは身を引き，海外への商品の運搬や売買などの作業は若者や運送業者などに任せるようになった。

　シャンパーニュにとって経済的に打撃であったのは，大西洋航海の開始であった。北イタリアのジェノヴァやヴェネツィアが直接ブリュージュとつながった。

　政治的な理由も大きかった。1285 年にシャンパーニュ伯領が王領に組み込まれた。シャンパーニュは独立性を奪われた。国王はフランドルと紛争状態にあり，1315 年にはフランドル商人の大市参加が禁止された。禁止が解除された後も，国王は輸入税を次第に増徴した。イタリア商人に対しても，大市への参加に制限を加えたため，イタリア商人は海路で直接フランドルに赴くようになった。イタリア商人が最後に大市を訪れたのは 1350 年であった。

2　イタリア中世都市

　イタリアの人口は 700 年頃の 450 万人から 13 世紀には 1,000 万人へと増加

した。都市や村落の定住地は，ローマ以前に700箇所ほどが確認できる。ローマ期に約2,000に増加した後，混乱と集約の過程を経て，8世紀に225箇所に激減したあと上昇に転じ，12世紀に1,014，中世盛期に8,000箇所に増大した。現在の行政単位としてのコムーネは，人口約250万人のローマを筆頭に，人口1,000人に満たないものを合わせると，およそ8,100箇所ほどある。

2.1 中世初期のイタリア都市

　都市に司教座があり，そこに伯が派遣され，この伯権力の及ぶ範囲が司教区と重なった。その範囲は徐々に伯領（コンタード）と呼ばれるようになった。伯になる人物はフランク人の皇帝が上から任命・派遣したものであったのに対して，司教は都市の指導者・保護者として住民の信頼を得た。司教は国王からインムニテート特権（役人の介入禁止の特権）を与えられ，都市領域内で下級裁判権を行使した。

　10世紀に司教は，築城権，市場権，関税権，公課徴収権などの支配権を行使するようになった。この頃，有力な市民層が登場するようになった。彼らは司教と封建関係で結ばれた封臣や陪臣として，司教の土地や財産を管理運営するようになった。

　1200年頃に農村（コンタード）と都市の共同体（コムーネ）の形成はピークを迎えた。イタリアでは，都市コムーネが中核になって，その周囲の諸々の定住地を糾合し，より高度な自己充足を遂げる地域社会が成立した。

2.2 イタリアとシリア，パレスティナ方面

　イタリアは地中海でアレクサンドリア，トリポリ，アンティオキアなどの地中海東部の都市とつながれた。イタリア諸都市が十字軍に参加した時には，後方支援の功績が認められ，地中海東部の各地に領地を獲得できた。十字軍国家を拠点とするイタリアと東方とのつながりは，モンゴルの侵入まで維持された。

13世紀末，イタリアにとって，あるいは少なくともジェノヴァにとって，地中海の交易は大西洋に開かれることになった。1293年のムスリム海軍との戦いで，カスティーリャとジェノヴァの連合艦隊が勝利して，ブリュージュとジェノヴァの直接航路が定期便として確立した。

2.3　イタリアと黒海方面

　13世紀にイタリアはロシア・中央アジア方面とも結ばれた。そのきっかけはビザンツ帝国にあった。11世紀後半，ノルマン人が南イタリアに進出したとき，ヴェネツィアはビザンツ帝国の艦隊を救助して，1082年にコンスタンティノープルとの交易特権と通行税免除の権利を獲得した。しかし，第4回十字軍（1202〜1204）では，ヴェネツィアはフランスの騎士に協力して，コンスタンティノープルの陥落に成功し，ラテン帝国を建設した。ヴェネツィアはこの功績でクレタ島ほか，ラテン帝国の8分の3を要求し，帝国領土のもっとも良い場所を手にいれた。クレタ島を拠点として，ヴェネツィアは14〜15世紀に香辛料交易の指導的な地位をきずいた。

　ビザンツ帝国の残党は1261年，ジェノヴァの応援も得て，ラテン帝国を打倒し，コンスタンティノープルに返り咲いた。ジェノヴァはコンスタンティノープルとカッファ（現フェオドーシア）を結んだ。1世紀ほど後に，カッファから黒死病が侵入してくるとは，誰も予想しなかった。カッファではギリシアのぶどう酒，シャンパーニュや北イタリアの織物，中国の絹，ウラルの毛皮，インドの香辛料などが取引されたが，もっとも重要な交易品は奴隷であった。タタール人がもっとも多く取引されたが，チェルケス人（カフカス方面の民族），アルメニア人，ブルガリア人など黒海沿岸の民族が取り引きされた。

　ドン川河口では，ヴェネツィアとジェノヴァの商人居留地が置かれたタナも利用された。タナでも14世紀には奴隷市場が栄えた。取引された奴隷の8割は女奴隷で，12歳から16歳の間が多かった。

　1261年，ラテン帝国が崩壊したとき，その直前に，ヴェネツィアのマル

コ・ポーロ（Marco Polo：1254〜1324）の父と叔父がコンスタンティノープルを経由して，ハンの国への旅を開始した。1273年にポーロを伴って再度出発したときには，コンスタンティノープルを避けて，ペルシア湾経由で，ハンの国を目指した。

しかし，オスマン・トルコが1453年にコンスタンティノープルを，1470年代にはタナやカッファを占領して，イタリアは黒海との交易関係を自由に展開できなくなった。

2.4 ジェノヴァとヴェネツィア

エジプトでは，1250年にマムルーク朝が建国されていた。マムルーク朝は1291年に十字軍最後の拠点であるアッコンを奪回した。十字軍国家がなくなっても，ヴェネツィアはエジプトと提携して東方貿易を続けた。

ジェノヴァとヴェネツィアの対抗は，当初，一進一退を繰り返した。しかし，1380年，ジェノヴァが敗北した時に，ヴェネツィアはアドリア海の女王として，東方貿易を牛耳り，ジェノヴァはイギリス，フランドル，そして，イベリア半島を拠点とした交易に中心を移すようになった。

2.5 フィレンツェ

芸術史上で有名なルネサンスはフィレンツェを中心に花開いた。1252年にフィレンツェはフィオリーノ金貨を発行できるまでになった。

フィレンツェは1260年代後からフランス，イギリスなどで，教皇の徴税人としての地位を確保した。教皇税の徴収で金融業が発達した。フィレンツェはイギリスの羊毛も輸入して，毛織物工業を発展させ，14世紀後半には，地中海の高級毛織市場でフィレンツェの毛織物が覇を唱えた。しかし，1378年に毛織物工業に従事していたチオンピが反乱を起こした。

チオンピの乱（1378）で，平民がフィレンツェの市政を掌中に収めたこともあった。しかし，82年に崩壊して，都市貴族が力を回復した。チオンピは梳

毛・刷毛・打毛などの準備工程を受け持つ手工業者であり，この乱でメディチ家が頭角を現した．

2.6 資本の集中

イタリア商人はムスリム商人に学びながら，資本を結合するさまざまな手法を開発した．委託という意味のコンメンダでは投資家と実業家が区別された．コンメンダによる海外事業は1回毎に清算された．一人が出資金の3分の2を出資し，別のパートナーが残り3分の1を出資すると同時に労働力を提供した．事業が成功すれば，航海用の費用を控除したのち，利益は等しく分配された．

ジェノヴァでは船の所有権がロカと呼ばれる持分に細分化されるという方法も採用された．ロカは市場で売買でき，船員の賃金支払いや輸出用商品の購入のために，借金の担保にすることさえ，可能であった．ロカは船が安全に寄港した場合にのみ，払い戻される海上ローンとして，広範に普及した．13世紀末までに，小投資家は必要がなくなり，商業貴族が取って代わったため，ジェノヴァのロカの制度は衰退した．

2.7 複式簿記

1494年にルカ・パチョーリ（Fra Luca Bartolomeo de Pacioli：1445～1517）というフランシスコ会の修道士がスンマ（『算術，幾何，比および比例に関する全集』）を著した．これは複式簿記を初めて学術的に説明した本であるといわれる．複式簿記自体はムスリム商人の間で利用されていて，それをイタリア商人が改良したものである．パチョーリは数学者として，それをまとめた．

イタリア商人は協力関係を確かなものにするために，記録をとった．簿記もその一環であり，複式簿記は14世紀末に公式に登場した．複式簿記が採用される以前でも，契約で記録がとられ，記録を公式のものとするため公証人が利用されていた．ジェノヴァでは公証が事実上の強迫観念となり，1年に数千の

契約が海外の居留地で記録された

参 考 文 献

齊藤寛海，山辺規子，藤内哲也『イタリア都市社会史入門』昭和堂，2008年
亀長洋子『中世ジェノヴァ商人の「家」』刀水書房，2001年
星野秀利（斉藤寛海訳）『中世後期フィレンツェ毛織物工業史』名古屋大学出版会，1995年
清水廣一郎『中世イタリア商人の世界』平凡社，1982年
W. H. マクニール（清水廣一郎訳）『ヴェネツィア』岩波現代選書，1979年

第10章
ハンザ同盟

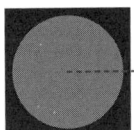

1 ハンザ同盟の成立

　ドイツ連邦共和国の北西部を流れるヴェーザー川の中流域にハーメルンという町がある。1284年に実際に生じたと推定されている130人あまりの子供の誘拐事件は，日本でも，グリム童話の「ハーメルンの笛吹き男」の物語で有名である。実際には誘拐ではなく，ハーメルンの若者が東方植民活動に参加したときの物語であるとする説もある。

　ヴェーザー川を下ると，同じくグリム童話の「ブレーメンの音楽隊」で有名なブレーメンという都市に至る。ブレーメンはハンザ同盟の中心的な3都市の一つである。

　ブレーメンから東北東に100kmほど行くと，エルベ川の右岸にハンブルクという町がある。中世初期には，ほぼエルベ川を境界線として，その東側はスラヴ人の国，西側はゲルマン人の国であった。エルベ川より東側へのゲルマン人の進出を東方植民という。ハンブルクは1240年代にブレーメンやリューベックと防衛同盟を結び，ハンザ同盟への道が作られた。ハンザの盟主リューベックはハンブルクから北東50kmほどの地点にある。

　デンマークの首都コペンハーゲンはバルト海と北海・大西洋との境に位置するシェラン島の東側にある。シェラン島とスカンジナビア半島の間にエーレスンド海峡（スウェーデン語，デンマーク語）があるが，この海峡は西洋経済史で

は，ズント海峡（ドイツ語）として表記されることが多い。

バルト海南岸を，琥珀の産地で有名なポンメルン（[英] ポメラニア）地方を通って，さらに東に行くと，グダニスクというポーランドの都市がある。ここは以前，ダンツィヒと呼ばれていて，1377年にリューベックの都市法を受用することで，ハンザ同盟の一員として活躍するようになった。

1.1　ハンザの意味

ハンザ（Hansa）はほぼギルドを意味している。それに対して，ハンザ同盟（Hanseatic League）は，上述した諸都市やその近隣の都市が何らかの形で結びついた協力関係を意味している。その協力関係がかなり強かった。

ハンザという言葉は兵士の部隊という意味であったが，12世紀末に各種ギルドのうち海外貿易商人のギルドをさす言葉として用いられた。ハンザ同盟に参加した各都市のハンザは構成員を拘束する何らかの規約があったが，ハンザ同盟にはそれはなかった。しかし，ハンザ諸都市が共同で利用した在外商館には規約が設けられた。

北海とバルト海の商業を10世紀頃まで支配していたのは，ノルマン人＝ヴァイキングであった。彼らの地位を奪ったのがハンザ諸都市である。ハンザに加盟したのは都市に限られなかった。領邦国家であり，伝道のための宗教団体であり，聖界有力諸侯の一つであったドイツ騎士団もハンザに参加したことがある。騎士団領は有力な穀物産地であって，その輸出で利益を得ていた。

1.2　ドイツ騎士団

ドイツ騎士団は十字軍時代に成立した騎士団（騎士修道会）の一つであるが，ドイツの東方植民を象徴する団体でもあった。ドイツ騎士団の設立は，1129年設立のテンプル騎士団や1113年設立の聖ヨハネ騎士団（1309年からはロードス騎士団，1530年からはマルタ騎士団）より遅かった。1190年頃にリューベックとブレーメンの市民が，アッコンの近くで十字軍兵士のために病院を創設し

た。この病院が騎士修道会としての会則をつくり，1199年に教皇の承認を得た。ドイツ騎士団は，それ以来，今日まで続く騎士団である。

　ドイツ騎士団の根拠地は，アッコン（1189/90～1291），マリエンブルク（1309～1525），メルゲンハイム（1525～1809），ウィーン（1834年以降）と移り変わった。第4代の騎士修道会総長ヘルマン・フォン・ザルツァは1226年，皇帝フリードリヒ2世から特許状を受けて，プロイセンの領地の確保をねらった。マリエンブルクに居住地を定めた1309年までに，プロイセンはもちろん，クールラントやリヴォアニア，のちには，ダンツィヒを含むポンメルンなどに対しても，強固な封建国家を建設した。

1.3　リューベックの建設

　ハンザの成立は，西ヨーロッパ全体の動きと関係がある。11～12世紀のヨーロッパは外延的拡大の時代であり，ドイツでは東方植民が実施された。その一環として，バルト海沿岸に多くの植民都市が建設され，ハンザの構成員となった。領主は都市に特権を与えることで自分の利益を図った。

　リューベックはホルシュタイン伯アドルフ2世（在位1130～1164）が1143年に建設した都市である。しかし，1157年に炎上したため，それを再建したザクセンのハインリヒ獅子公（ザクセン公1139～1180，バイエルン公1156～1180）に譲渡され，ザクセン公の都市となった。最終的に1226年，神聖ローマ皇帝フリードリヒ2世の時代に，リューベックは帝国直属都市になった。

1.4　商人ハンザの時代

　ハンザ史は商人ハンザ時代と都市ハンザ時代に区分できる。商人ハンザ時代はハンザという団体が生まれてから，14世紀中頃に都市ハンザが生まれるまでの時代である。都市ハンザは14世紀中頃から，ハンザが事実上歴史から姿を消す17世紀までである。都市ハンザの時代がハンザ同盟の時代である。

　スウェーデンの沖合，ゴトラント島はヴァイキングが早くから通商の拠点と

して利用していた。ゴトラント島民とドイツ人の間には軋轢が絶えなかった。この両者の調停に乗り出したのは，ザクセンのハインリヒ獅子公であった。これによってリューベックを訪れるゴトラント住民と，同島に赴くドイツ人が相互に平等の通商権を認められた。この1161年の調停で，財貨・身体の法的保護，都市における免税，相手地で死亡した者の遺産保護が認められた。

獅子公はこのとき，ゴトラント島に赴く商人団の団長を任命し，これに生命刑・身体刑の宣告を含む司法上の全権を委ねた文書も付与した。リューベックのドイツ商人は初めて商人団体を結成し，それが公的に承認された。

1226年，リューベックが帝国都市になって，都市間の協力関係が生まれるようになった。1265年，リューベック法に従うすべての都市が商人とその財の防衛に関する共通の法に同意した。1270年代にリューベックとハンブルクの連合がライン都市とともに，フランドルとイギリスでの交易特権を獲得した。1280年代にはドイツ商人の連合体がバルト海交易に共同で参加するようになった。このようにして，ハンザが形成されていった。

2　ハンザ同盟の時代

13世紀半ばの都市法の共有から1世紀のちに，ハンザはハンザ同盟を結成することになる。ハンザ同盟を結成した14世紀半ばから1世紀ほどがハンザの最盛期である。最盛期に敵対者が現れて，ハンザは徐々に解体されていき，ドイツ30年戦争（1618～48）で最後の止めを刺された。

2.1　ハンザ総会

ハンザにとってもっとも重要な貿易地であるフランドル地方は，商業的競争相手として，強力な力を誇っていた。フランドル問題を討議するために，1356年にハンザ総会が開かれた。ここから，ハンザ同盟が始まる。

1356年，都市代表がブリュージュに派遣され，フランドル問題の解決に当

たることになった。外地に在住する商人は活動力のある若手の商人が多い。そのようなドイツ商人に代わって，都市連合が対外的に大きな力をふるうことになった。この総会以降，ブリュージュにあったハンザ商館が独自に制定していた規約は，ハンザ総会の承認があって初めて効力を有するようになった。

　ハンザ同盟最大の利点は，都市がイタリアの都市国家のように強大にならなかった代わりに，相互に援助しあえたことである。ハンザ諸都市は，ハンザとして外地に商館を置いた。在外商館のうちでも，四大商館と呼ばれたものが，ロンドン，ブリュージュ，ベルゲン，ノヴゴロドにあった。

2.2　デンマーク戦争

　ハンザ同盟の強さを証明した事件として，デンマーク戦争を挙げることができる。デンマーク最大の輸出品は牛であった。それは「牛の道」と呼ばれたホルシュタイン街道を通ってハンブルクに運ばれていた。デンマークとの戦争はハンザ史上3回あったが，第1次デンマーク戦争（1361〜1370）で，ハンザは北方の大勢力としての地位を確立した。

　リューベックは諸都市の連合艦隊を編成して，デンマーク国王と戦ったが，敗北を喫した。そのため1367年，都市会議をケルンで開き，ケルン同盟と呼ばれる国際同盟が締結された。ケルン同盟にケルンは参加しなかったが，プロイセンやネーデルラントなどの都市が参加した。

　ケルン同盟は攻勢に出て，1368年，デンマークの本拠，コペンハーゲンを攻撃した。デンマークは敗北し，1370年，平和条約が締結された。ハンザは平和交渉の会議に37都市を出席させ，デンマークが課した不当な重税をもとに戻し，自由通商を認めさせた。

2.3　政治勢力

　ハンザの商館が置かれたベルゲンはノルウェーの南西部にある都市で，14〜15世紀には人口1万人ほどであった。ノルウェーからはタラを初めとする海

産物が輸入された。ハンザの輸出品は穀物であった。ここでは，デンマーク，スウェーデン，ノルウェーが1397年，デンマークを盟主としてカルマル同盟を結成した。カルマル同盟は同君連合として，1523年にスウェーデンが独立するまで続いた。同盟はエーレスンド海峡での海峡税の徴収など，ハンザ同盟と対立した。カルマル同盟は海軍力を強化して，15世紀には，ハンザ同盟を破った。

ノヴゴロドはロシアへの入口に当たっていた。絶対王政確立を目指すモスクワ大公イワン3世（在位1462～1505）は1478年に自治都市のノヴゴロドを最終的に屈伏させた。続いて，イワン3世は矛先を特権的地位にあったハンザ商人に向けた。イワン3世は1494年にノヴゴロド商館を閉鎖した。

2.4 フランドルとハンザ

フランドルは毛織物工業でもっとも重要な土地であった。ハンザはフランドルと不仲になると，ブリュージュの商館を別の土地に移した。フランドルの商業はその多くをハンザに依存したので，この措置は効果があり，1360年には，小売取引まで許可された。

中世都市では，市民保護のため外地商人には卸売しか許されなかった。ハンザの特権は異例のものであった。しかし，15世紀にはいると，地中海との連絡が拡大して，大西洋・インド洋交易も登場した。1453年に商館移転が問題になった時，ケルンとドイツ騎士団が反対して，推進者のリューベックはケルンなどがつけた条件をのまざるを得なかった。商館はユトレヒトに移転したが，この地方の実力者ブルグンド公は，中世的商人特権を制限しようと，ハンザに圧力をかけた。ハンザはこの圧力に譲歩をよぎなくされた。

2.5 ロンドンとハンザ

ロンドン商館では，ケルン商人が圧倒的に優勢であった。このロンドン商館はスティールヤード（Steelyard）と呼ばれ，イタリア商人のロンバード街の名

とともに，中世ロンドンにおける外国商人の活躍を後世に伝えている。

14世紀にイギリスが毛織物輸出を開始すると同時に，イギリスの地方港からの毛織物の輸出は，大部分がハンザ商人の取扱商品になった。羊毛で出遅れたハンザは毛織物で挽回しようとした。1470年代のロンドンの毛織物輸出は，その6割をイギリス商人が，2割をハンザが，残りをその他の外国商人が担った。

しかし，イギリス商人は，直接プロイセンに赴いて，毛織物を輸出し，穀物・材木を輸入した。ハンザ商人の一翼を担っていたプロイセン都市はイギリス商人に毛織物小売を禁止して，商業活動を都市内に限定した。イギリスで認められていた外国商人に対する特権が，ハンザでは認められなかった。イギリスは1437年のロンドン条約でようやく，ハンザとイギリス双方の自由通商権を交互に規定するという形で，相互主義をハンザに認めさせた。

その後，毛織物輸出などで，ハンザとイギリス商人の利害が対立して，最終的に，1598年にエリザベス女王がスティールヤードを閉鎖した。

2.6 ハンザの終焉

ハンザ同盟はニシンの漁場が変わったために衰退したと主張されたことがある。ニシンは13世紀に漁場がバルト海にあり，最盛期には1万トン近くが塩漬けにされていた。しかし，15世紀以降，漁場がオランダ北方の北海に移り，オランダが台頭したというものである。

オランダは15世紀にはバルト海にまで進出した。オランダはエーレスンド海峡を通り，バルト海沿岸と直接の交易を開始した。ハンザの東西間貿易はハンブルクとリューベックを結ぶ陸路の交易が主であった。それに対抗して，オランダはエーレスンド海峡を開拓した。ダンツィヒによる穀物価格操作を回避するためドイツ騎士団はオランダを歓迎した。

三十年戦争（1618～1648）でハンザの各都市の貿易は影響を受けなかったが，リューベック，ハンブルク，ブレーメン以外，ハンザに積極的にかかわる都市

はなくなり，1669年のハンザ総会が最後の総会となった。

参 考 文 献

斯波照雄『中世ハンザ都市の研究』勁草書房，1997年
橋口倫介『十字軍騎士団』講談社，1994年
阿部謹也『ハーメルンの笛吹き男：伝説とその世界』ちくま文庫，1988年
高橋理『ハンザ同盟』教育社歴史新書，1980年
高村象平『西欧中世都市の研究』（Ⅰ，Ⅱ），筑摩書房，1980年（初版1959年）

第3部 絶対王政の経済・社会

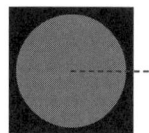

第11章 ギルド制度

1 ギルド制度の始まり

　ギルド（guild）という言葉で連想するのは，たいてい技術習得の制度であろう。手工業者として独立した生計を営みたい人が，成人に達する頃まで，親方の家に住み込みで働きながら，技術を習得するという制度である。しかし，ギルドを歴史的に考察し始めると，経済的な独占体制や政治的な参政権，あるいは，法制度上の裁判権などが問題になってくる。

　11世紀末の商人ギルドの結成に続いて，12～13世紀に初期の手工業ギルドも生まれた。15世紀頃がギルド制度の最盛期であるが，16世紀には大きな組織の変更があり，17～18世紀にギルド制度の解体に向けての歩みが始まる。イギリスでは産業革命までに，ギルドは司法権も失い，制度上消滅した。

1.1 コンユラティオ

　ギルドは当初コンユラティオ（coniuratio）として始まった。コンユラティオとは「共に誓いをたてること」という意味である。コンユラティオが登場するのはカロリング時代である。

　中世人はまるで言霊や呪文の効果を信じているかのように，宣誓が助け合いの意識を強固にした。宣誓は親族の絆よりずっと強い紐帯を作り上げた。宣誓者が盟約を破れば，神の怒りを買い，誓約団体から追放された。宣誓は自立的

な平和領域，法領域を成立させ，上位の者への忠誠より優先された。

為政者は兄弟の契りを結んで，反乱をおこすコンユラティオを警戒した。779年にカール大帝はヘリスタル勅令を発し，ギルドの名で盟約関係に入る宣誓を禁止した。相互に施しあうのも，火災や難破といった災難にあって助け合うときも，誓約をしてはいけない。

1.2　商人ギルドの結成

1000年前後頃から，商人ギルドが結成されるようになった。ギルドは氏族の兄弟のように助けあうという精神が基本にある。ギルドの成立には，氏族制の解体や村落共同体の成立が関係している。

まず，遠隔地商業や卸売商業に従事する，上層の商人が中心になって，ギルドが結成された。商人ギルドとして，織物商，小間物商，食料商などのギルドが成立した。11世紀半ば以降，商人ギルドの規約も作成されるようになった。ギルドでは，血縁のないものが兄弟のように連帯した組織作りが行われた。

ギルドは火災，洪水，盗難などの天災・人災による被害に対するのはもちろん，通夜・埋葬，ミサ，祝宴・酒宴などでも助け合った。兄弟と呼ばれたギルド成員は相互に緊急の援助も行ったし，裁判時の宣誓補助者にもなった。

1.3　独占ギルド

11世紀末頃から，ギルドは外部に対しては，その独占的な性格を強めるようになった。商業はギルド商人の特権であり，ギルドに加入しないかぎり，商業活動は遂行できなくなった。ギルド構成員は市場税・通行税が免除され，卸売り・小売りも自由とされた。逆に，ギルドは内部では平等を追求した。構成員は仲間の取引に参加し，利益の分け前にあずかる権利を持った。

ギルドは裁判も行うので，司法権の一翼も担った。ギルドの規約，取引規則，役員選挙は毎年開催される総会で決定された。

1.4 同職組合

　同職組合は英語では craft guild，ドイツ語では Innung や Zunft などの単語が用いられる。多くの中世都市で実際に同職組合が生まれるのは 15 世紀以降である。

　同職組合では加入強制が実施され，都市の中ではギルド成員でないと，当該の職業を営めなかった。さらに，近隣の農村地帯の同業者も強制的にギルドに加入させた。その地域は禁制領域と呼ばれ，禁制領域でのギルドによる営業独占を確保しようと努めた。

　現代の企業と同様に，ギルドが製品の品質の保持に責任を負い，都市によって特産物が作られるようになった。

1.5 同職組合の反乱（ツンフト闘争）

　西欧の中世都市においてしばしば大商人，門閥商人が市政を牛耳っていた。市政への参加を求めて，手工業者が同職組合を組織して起こした政治闘争をツンフト闘争と呼ぶ。ツンフト闘争は 14 世紀半ば以降，本格化した。

　ツンフト闘争が盛んであった時代に，ケルンで 42 のギルド，パリ・ロンドン等では，100 をこえるギルドが存在した。

2　ギルドの最盛期と崩壊

　ロンドンの同職組合は 14 世紀中頃には制度的に完成した。そして，15 世紀前後に，ギルドは最盛期を迎える。手工業者は熟練職人を育てるために，親方を中心とした職階を作った。手工業者の中でも上層部は商人と区別がつかなくなり，イギリスではリヴァリ・カンパニー（livery company）と呼ばれる新しいギルドも組織された。

2.1 徒弟

　親方になるには，いくつかの方法があった。通常，3 つの方式に分類される。世襲，購入，徒弟奉公である。徒弟奉公で親方になる場合，徒弟→職人→親方と，昇進した。

　徒弟制は成人前の青年を職業訓練するために必要なものであった。徒弟は 13〜14 歳前後に実家を出て，親方の家で暮らし，親方の秘儀を学んだ。親方は親身になって，徒弟を育てた。徒弟期間も慣習や規約で決められていて，職業によって，1〜12 年とさまざまであった。ただし，イギリスでは 7 年，大陸では 4〜8 年が通常の徒弟期間であった。

　徒弟の数は各職場につき 1〜2 人に制限された。徒弟は親方の秘儀を教えてはもらえなかった。しかし，徒弟が親方と一緒に働くことで，秘儀を盗み，自分のものとすることは歓迎された。

2.2 職人

　徒弟の期間が終われば，徒弟は職人（雇職人）になった。職人はいろいろな親方の下で修行した。職人の雇用期間は 1 週間から 1 年ほどであった。雇用されるときに，契約を結ぶことも多く，職人の労働時間や，休日，給与の率も契約に含まれることが多かった。修行が終わると，親方となり，原則として，1 人 1 職のギルドに参加することになる。

　親方の息子は世襲で親方職に就いた。ギルド制は都市を基盤とし，都市自体が限界となっていた。都市とその近隣の農村の需要を満たすのに必要な親方の数がほぼ決まっていて，それ以上，増やすと過当競争による共倒れもあり得た。

　徒弟奉公を終えて，親方になるのは難しかった。ギルドは親方になるための入会金を引上げて，親方の数を制限した。親方作品（masterpiece）も高価な材料と，その完成に数カ月を要する力作が要求されるようになった。

　親方になれなかった職人たちは独自の組織を作った。職人と雇主が契約で結

ばれる時，個々の職人ではなく，職人の代表が立ち会った。職人はたいてい出来高賃金で支払いを受けた。職人は自分の家庭を持ったし，仕事を家に持って帰ることもできた。十分仕事に精通するようになると，零落した親方と同じに，自分の責任で仕事を引き受けることもできた。

2.3　ギルドの再編

　ロンドンの同職組合は15世紀にはいって，組織の変化の時代に入った。親方層の身分差が顕著になり，商人にもなった親方は商人親方や商人雇主などと呼ばれた。商人親方は小親方や職人を多数雇うようになった。

　15～16世紀に，ギルド合同が進展し，ギルドの数は半減した。ギルドは国王から特許状を得るようになり，商人親方が支配する体制が成立した。特許状で法人格が取得され，ギルドはリヴァリ・カンパニーになった。リヴァリ・カンパニーは王権と結合して，全国展開する可能性さえ秘めた。

　リヴァリは揃い服を意味する言葉であり，組合による揃い服だけでなく，身分によって服が異なった。幹部，特権組合員（liveryman），平組合員などの序列ができ，序列は衣装で区別された。

　現在もロンドンには100をこえるリヴァリ・カンパニーがあるが，大半は慈善事業の組織として機能している。最初のリヴァリ・カンパニーは1394年に設立された呉服商組合（Company of Mercers）である。呉服商は毛織物を輸出し，絹織物やベルベットなどの高級な織物を輸入していた。グレシャムの法則（bad money drives out good）で有名なサー・トーマス・グレシャム（Sir Thomas Gresham：1519～1579）も1543年，24歳で呉服商組合に特権組合員として入会した。

　リヴァリ・カンパニーは土地財産を保有する法的能力が付与されていて，法人格を持った。土地財産で貧民や病老者の救済，寡婦と孤児の生活扶助がはかられた。そして，法人の意思は終身制の理事で構成される理事会で決まった。

2.4 商人の階層

商人親方はリヴァリの特権組合員となり，手工業に従事した小親方は平組合員となった。その他，親方になれないまま職人として生活していた者は自分の家で出来高仕事を与えられる形の小親方になった。小親方は商人親方から仕事をもらった。商人親方が資本と原材料を提供し，小親方が労働を担う関係になった。小親方や職人はヨーマンリの組織を結成した。

商人階層の上層に，貿易商が位置した。16世紀半ばまでに，外国貿易が重要になった。貿易に従事する商人はしばしばジェントルマンでもあり，荘園領主と階層的に融合していた。

2.5 前貸問屋制

前貸問屋制（putting-out system）は現代の下請けによく似ている。中心に問屋となる商人親方がいて，彼が取引全体を仕切る。毛織物生産を例にとれば，商人親方である織元が農民から羊毛を購入する。仕入れた羊毛は商人親方の職場で洗毛・選毛される。その羊毛を紡毛職人に前貸し，糸を紡いだ。以下同様に，いろいろな職人に機材や中間製品を前貸しして，完成品を作る。完成品は商人親方が販売して，資金を回収する。原材料の購入から毛織物の販売までの工程を商人親方が手配し，そのための資金を融通する。

各工程の職人は経営的に独立性がなくなっている。

2.6 農村工業

前貸問屋はギルドの崩壊過程で成立し，農村に根を下ろした。農村にはギルド規制が十分には及ばなかったため，品質には問題があった。しかし，農村では大量生産が可能だった。紡績や織物工程のように，高度な技術よりも長時間の単純作業が多い職場では，大量生産が好まれた。

農村に工業が展開していくのは，中世の原理を逸脱することになる。海外市場向けの大量生産が好まれる製品で農村工業が展開した。

2.7 ギルド崩壊の始まり

イギリスは1530年代から宗教改革の時代に入った。1545, 47年の祈願所没収令(寄進礼拝堂没収令：Chantry Act)で，ギルドが所有する祈願所，司祭のための費用，供養，燈明の維持などのために用意されていた土地や宗教施設が没収され，ギルドから宗教が失われた。ギルドは経済的組織になった。

1563年の職人規制法は治安判事が地方ごとに最高賃金を決めるものとした。雇用者は1年以上の雇用期間で雇い，労働者はその間，辞職を禁止された。ギルドが持っていた諸権利を王権や治安判事の下に吸収して，ギルドの法的自立性の多くが奪われた。そのためギルド合同が活発化した。また，農村の手工業者が徒弟を採用することも禁止された。

2.8 小親方の法人組織

17世紀前半に法人となった小親方のギルドもある。国王の特許状で公認されたこの法人化の過程はステュアート・コーポレーション(Stuart corporation)と表現される。小親方が手工業のための営業規制を維持し，同業組合を復活するための運動である。

地域に依存しないカンパニーも生まれ，その多くは少数の大商人や貴族に対して与えられた特権でもあった。地方から見ると，廷臣たちが独占に群がって，個人的な利益を得ているだけに見えた。1639年にチャールズ1世は40の独占を廃止した。残りは市民革命で廃止された。

参 考 文 献

田北広道『中世後期ライン地方のツンフト「地域類型」の可能性：経済システム・社会集団・制度』九州大学出版会, 1997年
C. メクゼーパー・E. シュラウト共編(赤阪俊一・佐藤專次共訳)『ドイツ中世の日常生活：騎士・農民・都市民』刀水書房, 1995年
坂巻清『イギリス・ギルド崩壊史の研究　都市史の底流』有斐閣, 1987年
G. アンウィン(樋口徹訳)『ギルドの解体過程：16・17世紀の産業組織』岩波書店,

1980年
プラーニッツ（鯖田豊之訳）『中世都市成立論：商人ギルドと都市宣誓共同体』未来社，1959年

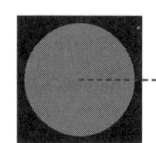

第12章 ポルトガルの大航海

1 大航海時代の開始とポルトガル

　大航海時代はポルトガルとスペインによる世界進出が開始された15世紀から，オランダとイギリスが海上商業で競い合う17世紀前半までをさすことが多い。

　しかし，世界にはいろいろな大航海があった。ヴァイキングの伝承の一つで，13世紀の半ばに記録されたサガでは，航海者レーフ・エリクソンがグリーンランドから西に向かって航海し，ブドウの実る豊かな国を発見した。これは1000年頃に行われたこととされている。少なくとも，15世紀頃までグリーンランドの植民が実現していた。

1.1　ポルトガルの建国

　イベリア半島ではゲルマン系の西ゴート王国 (418-711) が建国されていた。711年，ウマイヤ朝が西ゴート王国を倒して，イベリア半島にイスラム教の王国を作り上げた。西ゴート王国の末裔たちは失地回復のために，718年にスペイン北部にアストゥリアス王国を建国し，レコンキスタ (reconquista：再征服) を開始した。

　ポルトガルは1143年に独立を達成した。ポルトガルのレコンキスタは国王や貴族はもとより，テンプル，聖ヨハネ，サンティアゴ，カラトラヴァ (のち

にアヴィス) などの宗教騎士団も加わって，最終的に 1249 年に，アルガルヴェ地方も制圧し，レコンキスタは完了した。1255 年にポルトガルの首都となったリスボンは 1.4 万人ほどの人口を擁していた。リスボンはジェノヴァ商人の寄港地として発展を遂げた。

ほぼテージョ川から南の，ポルトガルの 3 分の 1 ほどの領域が騎士団領となった。エンリケ航海王子 (Henrique o Navegador : 1394〜1460) はキリスト騎士団の団長であった。

1383 年から王位継承をめぐって，親カスティーリャ派の大貴族とアヴィス騎士団長ジョアンの争いが始まった。ジョアンには中小貴族やリスボンの商人・下層民が支持を与えた。1385 年アルジュバロータの戦いで，ジョアン 1 世 (在位 1385〜1433) が勝利し，名実ともにアヴィス朝が誕生した。

1.2 セウタ攻略

1415 年，ポルトガルの 200 隻の大船団がセウタを急襲した。わずか 1 ヵ月の戦闘ののち，セウタの占領は成功した。以後，ポルトガルは西アフリカを目指すようになった。

1.3 エンリケ航海王子の動機

大航海時代の原因として，しばしば香辛料の獲得が指摘されるが，15 世紀前半には香辛料は視野に入っていなかった。明確にインドを目指すようになったのは，ジョアン 2 世 (在位 1481〜1495) からである。

エンリケの西アフリカ探検の様子は，アズララの『ギネー発見征服誌』に描かれている。ベルベル語で「ギニア」は黒人の土地という意味である。同じ意味の言葉として，ギリシア語のエチオピア，アラビア語のスーダンがある。

アズララはエンリケがギニア地方の探検を遂行した動機を 6 点，指摘している。1) 未知の国を知りたい。エンリケは海運業者や商人の代わりを果たそうと考えた。2) 商業を活性化したい。3) 敵＝イスラム教徒の力を知りたい。4)

かの地にキリスト教徒を探したい。5) イエス・キリストの信仰を弘めたい。6) 天界の意向によって。アズララにとっては，この最後の理由がすべての理由の基礎にあるものにみえていた。当時は，占星術によって明らかにされた運命はかえることはできないと信じられていた。運命はかえられるという思想が生まれるのは，宗教改革の頃である。

1.4 ポルトガルの探険事業

　エンリケ航海王子はその生涯でシエラ・レオネあたりまでの地域との交易・植民活動に成功した。結果として，西アフリカからは「天国の種子」とも呼ばれるギニアショウガ（Melegueta pepper）のほか，象牙，奴隷，金が手に入った。さらに，エンリケは大西洋諸島の植民によって，サトウキビを栽培し，砂糖を生産した。

1.5 カナリア諸島

　エンリケ以前から，大西洋諸島への航海は始まっていた。カスティーリャのエンリケ3世（在位1390〜1406）はノルマンディー貴族であるジャン・ド・ベタンクール（Jean de Béthencourt：1360頃〜1425）のカナリア諸島征服を援助した。ベタンクールは1402年，フランスのラ・ロシェルから出航した。

　エンリケも1434年には大船団を派遣して，何度かカナリア諸島の征服を試みたが，先住民グアンチ族の抵抗にあって，挫折した。先住民はのちに，ヨーロッパ人の攻撃や彼らが持ち込んだ病原菌によって絶滅した。

　最終的には，カナリア諸島は1479年のアルカソバス条約でカスティーリャ領となり，それ以外の大西洋諸島はポルトガル領となった。1496年までに主要3島が征服された。入植者はカスティーリャ人（特にアンダルシア人），ジェノヴァ人，ポルトガル人であった。カスティーリャ商人とジェノヴァ商人が製糖工場を所有した。製糖技術者の大半はポルトガル人であった。カナリア経済は奴隷貿易と砂糖生産で活況を呈した。

1.6 マデイラ諸島

　マデイラ諸島も14世紀には知られていた。エンリケも1419年頃には，マデイラに家臣を派遣した。マデイラ島は樹木が生い茂っていたので，ポルトガル語で「木」を意味するマデイラと名づけられた。

　ヴェネツィアの商人カダモスト（Alvise Cadamosto：1426頃〜1488）によると，エンリケ航海王子は大西洋に赴く商人に2つの条件を提示した。自費でカラヴェラ船を用意する者は収益の4分の1を親王に支払う。商品を用意して，親王の船を利用する者は収益を折半する。ただし，収益があがらない場合は親王が負担する。カダモストは1455年，ポルトガルの南端からマデイラ諸島に向けて出航した。カダモストによると，マデイラの森はポルトガル人が放った火で焼き尽くされた。

　エンリケは兄のポルトガル国王ドゥアルテ（在位1433〜1438）から1433年にマデイラ全島の終身所有権を譲渡された。当初，マデイラでは小麦，ワイン，大青などが生産されたが，シチリアからサトウキビの苗を取り寄せて，砂糖の生産も開始された。1460年代には大陸から黒人奴隷も導入するようになり，マデイラの砂糖生産が本格化した。

1.7 西アフリカの南下

　1444年には，黒人奴隷の最初の輸送船団がセネガル川からポルトガルのラゴスに帰国した。これで，カザ・ダ・ギネ（ギネ省）が設立され，ポルトガルに黒人奴隷を輸入する奴隷貿易によって，西アフリカとの交易が確立した。黒人奴隷は1500年頃までに15万人ほど輸入された。

　ポルトガルは西アフリカの金を手に入れると，1447年，クルザード金貨（cruzados：十字軍金貨）も鋳造するようになった。1460年，エンリケが死亡して，西アフリカ遠征はしばらく下火になった。これが復活するのは，ジョアン2世（在位1481〜1495）の治世からであった。

2　インド航路の開発

　ポルトガルの人口は15世紀末に約100万人であったと推計されている。西アフリカでは，ポルトガルの交易者の中には，結婚して，現地にとけこむ商人も現れた。ジョアン2世が即位したころ，リスボンにはジェノヴァ，フィレンツェ，南ドイツの商人が集まっていた。金を求めたポルトガルは1482年，金取引の拠点としてエルミナ（サン・ジョルジュ・ダ・ミナ）商館も確保した。

　ジョアン2世の時代には，明確にインド航路の開発が目標とされるようになった。大航海時代はこの時点で，香辛料を目的とする時代にかわった。

2.1　ガーナ海岸（黄金海岸）

　ガーナの内陸部には，有名なマリ王国があった。マリ国王マンサ・ムーサは1324年にメッカ巡礼の旅に出た。彼は500人の奴隷を従え，この奴隷たちそれぞれが約3kgの金を手にしていた。ムーサ一行が滞在したカイロでは，金価格は暴落した。

　西アフリカの金は主に，セネガル川上流のバンブク地方と，ニジェール川上流のブレ地方の金鉱から運び出された。地中海沿岸のベルベル人の国々と西アフリカのニグロの国々の間で，砂金と奴隷は北に流れ，銅・塩・布地は南に流れるという伝統的なサハラ縦断交易が行われていた。1450年に，マリで塩が同じ重さの金と交換されたと言われる。

　金は当初ガンビア川から，次にエルミナ商館から，ポルトガルに輸出された。1480～1720年に，西アフリカからヨーロッパに年平均0.4～1.7トンの金が輸出された。1520年頃までは，徐々に金の輸入額が増えていたが，アメリカ大陸の競争に負けるようになった。スペインでは，1551年から1560年までアメリカからセヴィーリャに年平均4トン以上の金が輸出された。

2.2 インド航路の開拓

　1497年7月，ヴァスコ・ダ・ガマがリスボンを出航して，海路，インドを目指した。ダ・ガマはヴェルデ岬から大西洋に出て，アフリカ南端まで直行した。アフリカの南端に到達するのに約3ヵ月かかった。

　その後，ダ・ガマは東アフリカ沿岸を北上してスワヒリ語圏に入り，モザンビークで水先案内人を雇い，インド洋を横断した。翌98年5月，インドのカリカット（コージコード）に到着した。カリカットの領主（ザモリン）に商品の販売を許可され，ダ・ガマはクローブ，シナモン，胡椒，宝石を仕入れて，99年7月，ポルトガルに帰国した。

2.3 香辛料貿易の戦い

　ポルトガルはアントウェルペンに輸入香辛料の1/4を送ることにした。それまでヨーロッパの香辛料はほぼヴェネツィアが独占していた。ダ・ガマの1度の航海でそれが崩れた。ヴェネツィアの胡椒価格は高騰し，ポルトガルはそれまでの半額近くの値段で胡椒を販売した。

　1504年，国王マヌエル1世（在位1495〜1521）が胡椒の公定価格を定めた。1506年には香辛料貿易をリスボンに集約して，王室の独占とした。

　当初，ポルトガルはインド洋の海上交易をおさえることに成功した。その象徴的な事件が1509年のディウ沖の戦いであった。ポルトガルはエジプト・マムルーク朝とグジャラートのイスラム連合艦隊と戦って，勝利をおさめた。マムルーク朝の背後にはヴェネツィアがいた。

2.4 アジアのポルトガル帝国

　1510年，アルブケルケ（インド総督1509〜1515）がゴアを占領した。インドは1962年，ゴアを取り戻した。中国では，ポルトガルは1537年にマカオを拠点とし，1557年に定住を認められ，1887年に植民地としたが，マカオは1999年，中国に返還された。

ポルトガル帝国の基礎固めができ，ジョアン3世（在位1521〜1557）の時代にポルトガル帝国は繁栄の絶頂期を迎えた。1600年までに，東アフリカから日本まで，ポルトガルは50ほどの交易拠点を構えた。しかし，ポルトガルは現地の勢力図を利用して，海上交易帝国の拠点を確保したにすぎない。

ポルトガルは地域間の中継貿易に従事した。インドの綿織物は東アフリカの金や象牙，インドネシアの香辛料と交換された。

2.5　ブラジルの植民

1500年，インドに向かう途中，カブラル（Pedro Álvares Cabral：1467頃〜1520）がブラジル北東部に偶然到着した。ここでブラジル木（パウ・ブラジル：Caesalpinia echinata）が大量に入手できたので，国名がブラジルになった。ブラジル木は16世紀半ばまで，ブラジルの最大の輸出品になった。ブラジル木は伐採しすぎて，現在では，絶滅危惧種に分類されている。

1530年，本格的なブラジル植民が開始された。バイアとリオ・デ・ジャネイロに居住地と砦が建設された。1533年からマデイラの技術が導入され，ブラジルは砂糖植民地として開発された。

当初ポルトガルは先住民を奴隷として利用しようとした。バンデイランテスと呼ばれるインディオ狩りの商人団も結成された。しかし，黒人奴隷の導入が試みられ，1550年代以降，コンゴやアンゴラから黒人が輸入された。砂糖プランテーションは北東部のペルナンブコやバイアを中心に拡大を続けた。これで，砂糖がブラジル最大の輸出品となった。

先住民は製糖工場（enjenho）の建設のための労働力提供や，食糧の補給などに使役されるようになった。先住民インディオの反乱は1530年代末から40年代にかけて頻発した。各地で製糖工場が焼き払われた。

参 考 文 献

金七紀男『ブラジル史』東洋書店，2009 年
金七紀男『エンリケ航海王子』刀水書房，2004 年
金七紀男『増補版　ポルトガル史』彩流社，2003 年
吉國恒雄『グレートジンバブウェ』講談社現代新書，1999 年
生田滋『大航海時代とモルッカ諸島』中公新書，1998 年
茂在寅男『航海術：海に挑む人間の歴史』中公新書，1967 年

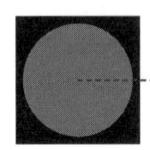

第13章 スペインの大航海

1 コロンブスとスペイン

　クリストファー・コロンブス（Christopher Columbus：1451頃～1506）がアメリカに向かったとき，スペインは国作りの揺籃期に入ったばかりであった。

　コロンブスはスペイン語でコロン（Cristóbal Colón）と呼ばれるので，以下ではコロンと記す。コロンが生まれたジェノヴァは西アフリカの奴隷と黄金の取引の中心地となっていた。コロンは1479年，マデイラの総督の娘と結婚した。

1.1 スペインの基礎作り

　イベリア半島の地中海側に，アラゴン連合王国があった。アラゴンは1282年のシチリアの晩鐘事件をきっかけにシチリア島を領有した。砂糖で栄えていたシチリアは東洋の香辛料輸入の中継点として重要な位置にあった。

　半島内陸部にはカスティーリャ王国があった。カスティーリャの羊毛はブルゴスを主な集荷地とした。そこからビルバオなどのバスク人海運業者の手で，フランドル地方に輸出された。セビーリャにはジェノヴァ商人が集まった。

1.2 アラゴンとカスティーリャの合同

　1479年，アラゴンとカスティーリャは同君連合となった。しかし，当時は

まだ各国で別々の法，議会，貨幣制度，租税制度，軍制が採用されていて，一つの国になったとは言いがたい状態であった。

カスティーリャの南に，ナスル朝のグラナダ王国（1232～1492）がムスリム国家として残っていた。1492年1月に，グラナダは陥落し，フェルナンド（在位1479～1516）とイサベル（在位1474～1504）は1496年にローマ教皇からカトリック両王という称号を得た。

1.3　コロンの出航

グラナダ陥落の年，コロンがアジアを目指して，大西洋を渡った。当時は，アジアではなく，インディアス（インド）という言葉が利用されていた。インディアスのはずれに，黄金の国ジパングがある。コロンは金を求めて，インディアスへの道を探った。

1492年8月3日，ユダヤ教徒追放と同じ日に，コロンはパロス港を出帆した。1391年の反ユダヤ運動がセビーリャで発生して以来，ユダヤ教徒がキリスト教徒に改宗して，コンベルソ（改宗者）となった。コンベルソは1480年に異端審問所を開設し，1492年3月にユダヤ教徒追放令を出した。

1.4　コロンが求めたもの

1492年，コロンはアラゴン王国の書記でコンベルソのルイス・デ・サンタンヘルとジェノヴァ商人のフランシスコ・ピネロの後ろ盾を得て，イサベル女王と面会した。同年4月17日，カトリック両王との間でサンタフェ協約が結ばれた。この協約で，1) コロンとその後継者を発見地の提督に任じて，それにふさわしい大権・特権を与えること，2) 真珠・貴石・金・銀・香辛料などはその獲得に要した費用を差し引いて，利益の10の1をコロンのものとし，残りをカトリック両王のものとすること，3) コロンが航海の8分の1の費用を出費し，利益の8分の1を得ること，などが取り決められた。

1.5 航海の結果

コロンは1492年秋、33日をかけて、大西洋の横断に成功した。コロンは黄金を求めて、カリブ海の各地を回った。カリブ海にはカリブ人とアラワク人がいた。コロンはインディアスに到達したと思った。その間違いから地理的用語が生まれ、アジアは東インド、アメリカは西インドと呼ばれるようになった。

1494年6月、トルデシリャス条約が締結された。分割する子午線の位置はヴェルデ岬諸島の西370レグア（約2,000km）の線に置かれた。この子午線より西がスペインの責任範囲であり、東がポルトガルに属すという裁定になった。

1.6 人口減少の原因

西インド諸島だけでなく、アメリカ大陸全体で、先住民の人口はヨーロッパ人の接触以前の1〜2割程度に激減した。イスパニオラ島では当初の推定人口50〜60万人から、1508年には6万人に減少した。1519年には3,000人しか残っていなかった。先住民は異文化交流が始まって20〜30年でほとんど絶滅した。

インディオは白人や黒人の流行病に対する抵抗力がなかった。流行病として天然痘、はしか（麻疹）、ジフテリア、百日咳、腺ペスト、腸チフス、コレラ、マラリア、猩紅熱、インフルエンザなどが知られている。

1.7 征服の正当性の議論

スペイン人の侵入による人口減少を大々的に告発したのは、ラス・カサス神父（Bartolomé de Las Casas：1474頃〜1566）であった。ラス・カサスにとって、インディオは粗衣粗食に甘んじ、野心や欲望もなく、明晰な理解力と高い徳を有しているのに対して、スペイン人は飢えた猛獣と同じであった。

1550年、バリャドリードのインディアス会議で神学者のセプルベダ（Juan Ginés de Sepúlveda：1489〜1573）がスペイン人を擁護した。彼はアリストテレ

スの説を引いて主張した。インディオは理性を持たないから，生まれながらにして奴隷であり，その土地を征服して，隷属させるのは正当な行為である。

サラマンカ大学神学部教授のビトリア（Francisco de Vitoria：1483頃～1546）は1533年のインカ皇帝アタワルパの処刑後の出来事を念頭に置きながら，1539年に，インディアス問題の特別講義を実施した。ビトリアはインディオにも正当な所有権があり，植民者は発見者であるからといって，それを奪うことはできないとして，万民法の立場から，スペイン人の植民活動を批判した。

1.8 エンコミエンダ制

エンコミエンダ制は1503年末に導入された。これでスペイン人入植者はインディオのキリスト教化の義務を負わせられ，その対価として，労働力として一定数のインディオを使役する許可が与えられた。

レコンキスタの際に，イベリア半島のイスラム教国との境界地域に，宗教騎士団によるエンコミエンダ（騎士団所領）が設定された。この制度が形をかえて，新大陸に導入された。新大陸では土地の領有権はインディオに保留されたので，インディオを委託されたエンコメンデーロは領主ではなかった。

エンコミエンダ制は植民地経済の活性化に必要であったが，王室の利害には反していたので，相続は3代に限られた。その結果，ペルーでは1720年代にはエンコミエンダがすべて王室に移管されて，いわば自然消滅した。

2　スペインのアメリカ植民地

交易に重きをおいたポルトガルと異なり，スペインはアメリカ大陸を植民した。アメリカ大陸の金・銀鉱山開発，フィリピンの植民地化など，スペインは1580年にはポルトガルと同君連合の形で，世界を支配することになった。

2.1 マゼランの航海

ポルトガル人マガリャンイス（Fernão de Magalhães：1480頃〜1521：通称マゼラン）はマラッカ攻撃にも参加したことがある軍人であった。彼は世界一周の途中，1521年フィリピンで戦死した。その後，艦隊はバスク人のセバスティアン・エルカーノ（Juan Sebastián Elcano：1486〜1526）が率いることになった。

エルカーノの艦隊は1521年11月にモルッカ諸島（香料諸島，マルク諸島）に到達した。ティドール島の首長は，ポルトガル人が抑えていたテルナテ島の王と対立していたので，スペイン人には友好的であった。

2.2 フッガー家

マガリャンイスの航海に，フッガー家は1万ドゥカードを出資した。

1485年，富豪ヤーコプ・フッガーがインスブルックでチロル大公から銀買いを行った。鉱山特権を持つ君主に，貨幣を貸し付けて，銀の先買権を手にいれることを銀買いという。フッガー家は銀や銅の取引で財をなし，カルロス1世が神聖ローマ皇帝の選挙に出馬したときに，フッガーは選挙候たちを説得するのに協力した。

当時，ボヘミア地方の聖ヨアヒムスタール鉱山を初めとして，ザクセンやチロルなど，ドイツの南東部に銀山があった。当初，年間30トンほどであったが，1520年代，1530年代の最盛期には年間100トンほどの銀が産出された。

2.3 アステカとインカ

1521年，メキシコのアステカ帝国はトラスカラ・テスココ人と手を結んだエルナン・コルテス（Hernán Cortés：1485〜1547）によって，滅ぼされた。

フランシスコ・ピサロ（Francisco Pizarro：1471/78〜1541）は1531年，第3次の探検で，インカの征服に成功した。ピサロは身代金を受け取っていたにもかかわらず，インカ皇帝アタワルパを処刑した。帝国の首都クスコは人口20

万人であった。ピサロがインカ帝国を征服して，獲得した財宝は銀地金にして，14トンほどであった。

2.4 アメリカ大陸の銀

南米の銀はポトシ銀山の銀が有名である。しかし，ポトシだけでなく，メキシコ市の北部にも，グァナファト，サカテカス，サン・ルイス・ポトシなどの銀山があった。

スペイン領アメリカから西欧に輸出された銀は，1530年頃まではわずかであったが，1530年代には年平均10トン近くになり，1550年代には30トンをこえ，1570年代以降1650年ころまでは年100トンをこえ，1590年代のピークには年270トンに達した。1493〜1800年に，10.2万トンの銀，2,490トンの金が南北アメリカで生産された。

2.5 ポトシ銀山

ポトシ銀山は1545年に現地のインディオによって発見された。ポトシはインカ帝国，現ボリビアの標高4,000メートルの山中にある。発見から2年後の1547年にはスペイン人2,000人を含め，ポトシの人口は14,000人となった。1561年にフェリペ2世（在位1556〜1598）はポトシを帝国都市として認めた。17世紀前半には，ポトシの人口は十数万人規模に達した。

ポトシの鉱山労働の多くはヤナコーナが担った。本来，ヤナコーナは使用人としてインカ皇帝や神官など重要人物に仕える人を意味した。インカ帝国の民はアイユと呼ばれる氏族組織に属していたが，ヤナコーナはアイユに属さず，土地も持たない自由民であった。

ヤナコーナは鉱山主と請負契約を結び，1メートル弱の幅で仕切ったバラと呼ばれる鉱区で銀を採掘した。彼らは自分の費用で，採掘に必要な道具類をそろえた。高品位の鉱石を鉱山主に渡し，品位の低い鉱石を自分の取り分とした。

2.6　ミタ

　1549年にポトシ銀山向けの労働力を調達するために，税制が変更された。国王や領主に納める年貢の一部は貨幣で支払うことになった。納税のための貨幣を手に入れるため，ポトシへの出稼ぎが始まった。

　副王フランシスコ・デ・トレドは1571年，ミタ労働をポトシにも導入した。ミタはケチュア語で輪番という意味で，アイユ，首長，インカなどのため，当番に当たった人が労働力を提供するという制度であった。戦争も，道路・橋の建設も，倉庫の番も，すべてミタ労働でまかなわれていた。インカ帝国のミタをスペイン人は賦役労働として利用した。

2.7　水銀アマルガム法

　メキシコで1555年に水銀アマルガム精練法が開発された。銀鉱石を粉砕し，それに塩水と水銀を加え，泥状になるまで攪拌して，水銀アマルガムを作る。次に，沈殿した水銀アマルガムを抽出して，水分を取り除き，加熱して，銀を分離した。これで品位の低い銀鉱石からも銀を抽出できるようになった。

　副王トレドは水銀アマルガム法をポトシに導入した。副王は1573年，水銀アマルガム法の採用を決めた鉱山主には，ミタで労働力を供給することを約束した。高地ペルーの16地域のアイユ成員である18歳から50歳までの男子の7分の1が1年交代で賃金労働者としてポトシ銀山へ送り出された。

2.8　マニラ・ガレオン

　1571年にはフィリピンのルソン島のマニラがスペインの交易拠点となった。マニラは当初，人口が2,000人足らずであったが，1620年には4万人をこえた。

　メキシコのアカプルコとマニラを結ぶ航路はしばしばマニラ・ガレオンと表現される。スペインのガレオン船で大量にスペイン銀貨が運ばれた。17〜18世紀にカリブの海賊はスペインの8レアル銀貨を追い求めた。

アメリカ大陸から輸出された銀のうち，ほぼ9割はヨーロッパに向かい，1割がアジアに向かった。マニラでスペイン人は銀と交換に，中国の絹と陶磁器を購入した。17世紀に中国の生糸の購入のために，日本から年に150トンほどの銀が流出していた。

参 考 文 献

松森奈津子『野蛮から秩序へ：インディアス問題とサラマンカ学派』名古屋大学出版会，2009年
網野徹哉『インカとスペイン帝国の交錯』(興亡の世界史) 講談社，2008年
青木康征『南米ポトシ銀山：スペイン帝国を支えた"打出の小槌"』中公新書，2000年
青木康征『コロンブス：大航海時代の起業家』中公新書，1989年
フランクリン・ピース，増田義郎『図説インカ帝国』小学館，1988年

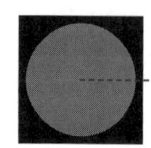

第14章 ネーデルラントの勃興

1 ネーデルラントの歴史

　ネーデルラント（低地地方）はほぼ現在のベネルクス3国としてまとまっている地域をさしている。

　ネーデルラントはオランダ語（フラマン語を含む），フランス語（ワロン語を含む），ドイツ語が交錯する地域なので，地名の表記も複雑になる。オランダ語でフランデレンと呼ばれる地方はフランス語でフランドル，英語でフランダースと呼ばれる。ブルッヘはフランス語でブリュージュである。

1.1 アントウェルペンの発展

　アントウェルペン（オランダ語）は英語でアントワープ，フランス語でアンベルスと呼ばれる。アントウェルペンは16世紀に飛躍的に発展したが，その主要な契機となったのは，次の3点であるといわれている。1. イギリス毛織物の受け入れ，2. 銀・銅・麻織物などを供給する南ドイツとの結びつき，3. ポルトガルがヨーロッパに輸入する各種の東洋物産の取引。アントウェルペンの繁栄は政治によっても作られた。

　フランドルの諸都市はイギリスの羊毛を使って高級毛織物を製造していた。フランドルは1430年代以降，イギリス産毛織物の流入禁止政策を打ち出した。しかし，アントウェルペンだけは，ケルン商人たちをイギリス毛織物の買い手

として喜んで迎え入れ，ブリュージュなどの動向とは全く対照的に，むしろ積極的にイギリスの毛織物の導入をはかった．

カール5世時代にネーデルラントの輸入の50％，輸出の80％がアントウェルペンを経由した．人口は10万をこえ，この時期フランドル商人はトルコからギリシア語の写本やチューリップの球根を持ち帰り，カナリア諸島でサトウキビの栽培を行った．アントウェルペンに流入して，仕上げられた毛織物は，ケルンやフランクフルトを経て，ドイツ，オーストリア，ハンガリー，ポーランドへと送られた．

南独の銀やハンガリーの銅は15世紀にはヴェネツィアに運ばれていた．しかし，15世紀末以降，南独商人は毛織物の対価として，銀や銅をアントウェルペンに運ぶようになった．銀は南独だけでなく，のちには，スペイン領アメリカ植民地からも輸入されるようになった．ただし，アメリカ植民地の銀輸入のピーク時（1590年代）には，アントウェルペンは危機的状況にあった．

ポルトガルは1548年まで，アントウェルペンを香辛料の指定市場とした．イギリスの毛織物，南独の銀，ポルトガルの香辛料が結びつき，16世紀前半，ヨーロッパ経済はアントウェルペンを結節点とした．

政治もアントウェルペンを支援した．フランドル諸都市とドイツ国王マクシミリアン（在位1486～1519）が武力衝突を起こした結果，1488年，マクシミリアンはブリュージュに留まるすべての外国商人にブラバント地方のアントウェルペンに住居と取引場所を移すように命じた．1489年，ブリュージュはマクシミリアンに降伏した．

1.2　ネーデルラントの君主

ネーデルラントは1568年から1648年まで，断続的に80年間，独立戦争を遂行することになった．1648年のウェストファリア条約（ドイツ三十年戦争の講和条約）でオランダの独立がスペインからも承認された．しかし，独立戦争自体は事実上，1609年のスペインとの12年間の休戦協定（アントウェルペンの

和約）で終わっていたが，スペインはオランダの独立を認めなかった。そのため，ドイツ三十年戦争にオランダも加わって，スペインと戦い，独立を認めさせた。

　ネーデルラントは14世紀末にブルゴーニュ公が支配する領地となっていた。1477年に，ブルゴーニュ公女マリア（1457〜1482）とマクシミリアンとの結婚で，ネーデルラントはハプスブルク家の所領となる可能性が高くなった。2人の子，フィリップ（生没年1478〜1506）は1482年，マリアのあとを継いでブルゴーニュ公になった。父マクシミリアンはフィリップの摂政として，フランドルに君臨しようとしたが，フランドル戦争が生じた。

　フィリップの長子シャルル（生没年1500〜1558）はヘントで生まれ，フランス語が堪能であった。1506年，父からブルゴーニュ公位を継承し，さらに，1516年に祖父のフェルナンドが死ぬと，スペイン王位を継ぐことになった。シャルルは初めて故郷ネーデルラントを離れ，スペイン国王カルロス1世（在位1516〜1556）としてスペインで暮らすようになった。さらに，シャルルはもう一人の祖父マクシミリアンが死ぬと，選挙で，神聖ローマ皇帝の位を得て，カール5世（在位1519〜1556）となった。

1.3　ネーデルラント独立戦争の原因

　ネーデルラント生まれのカール5世の時代と異なり，スペイン生まれのフェリペ2世の時代に，ネーデルラントはスペインの迫害を受けるようになっていた。ネーデルラントの経済力は巨大なスペイン海上帝国との戦争の費用をまかなうだけの力を有していた。

　ネーデルラントでは新法の発布，戦争の開始，租税の賦課，通貨の改鋳，外国人の官吏任命などは身分制会議の承認が必要とされていた。スペインはこの特権を踏みにじった。スペイン王室は借金を返済するため，ネーデルラントに法外な税金を課した。フェリペ2世は異端審問制度をネーデルラントにも導入して，過酷な宗教的弾圧を加えた。

1566 年にネーデルラントの貴族は宗教裁判の廃止を求めたが，スペインはこの請願を全く無視した。1555 年 11 月から 1566 年 8 月に，アントウェルペンだけで，108 人の異端者が処刑された。

1.4 ネーデルラント独立戦争の経過と結果

1579 年 1 月 23 日，ネーデルラント北部 7 州はユトレヒト同盟を結成した。この同盟に参加した北部 7 州はホラント，ゼーラント，ユトレヒト，ヘルデルラント，フロニンヘン，フリースラント，オーフェルアイセルである。これにはアントウェルペンなど一部の南部諸都市も参加したが，アントウェルペンは 1585 年に陥落した。

1581 年 7 月，北部 7 州はネーデルラントの独立宣言を行った。これで，ネーデルラント連邦共和国（オランダ連邦共和国）が成立した。

2 オランダの発展

1585 年に陥落したアントウェルペンの有力な商人はアムステルダムだけでなく，ケルンやハンブルクなどにも移住した。ドイツ，フランス，イギリスは多くの難民を受け入れることになった。

ネーデルラント独立戦争が勃発するまで，ホラント州は商業・経済的にはそれほど重要な地域ではなかった。しかし，独立戦争でフランドルからの移住者を取り込んで，ホラント州とアムステルダムが政治・経済の中心地となった。

2.1 アムステルダム

アムステルダムは中世から海運業で栄え，アントウェルペンの運搬役を勤めていた。17 世紀には，アムステルダムの貿易商人の半数近くが市外の出身者であったといわれる。1685 年にフランスでナントの王令が廃止されると，アムステルダムにもユグノーの難民が集まった。

貿易は当初，商人が移住して，商館を作る形で発展した。そのような商館が置かれた地域は，バルト海沿岸や北フランスの大西洋岸が多かった。17世紀半ばに，地中海のレヴァントなどにも拡がり，数十人規模の移住地が作られた。しかし，1670年頃から，アムステルダムの貿易構造は変化し，委託代理取引が拡大した。

2.2　オランダ連合東インド会社

　1595年4月，最初の東インド船隊が派遣された。船隊は1596年6月にジャワ島のバンタムに到着した。これは，遠国会社が派遣したものである。バンタムでは取引に失敗したが，バリ島で香辛料を獲得して，帰国した。249人の船員で出航して，帰国できたのは87人であった。

　オランダの商人は雨後の筍のように，相競って，東インド貿易のための会社を設立した。5年間で65隻のオランダ船が東インドに向かったといわれる。

　1600年にイギリスで東インド会社が設立されたのを見て，1602年，オランダ連合東インド会社が結成された。東インド会社はペルシア湾以東の全域との貿易の独占権を獲得して，1799年の廃止の時まで，アジアで強大な力を振るった。連合東インド会社は1619年にバタヴィア（現ジャカルタ）に司令部を置いた。

　1623年にアンボイナ虐殺事件が生じた。香料諸島のアンボン島（アンボイナ島）で，一人の日本人が捕まった。日本人はイギリス東インド会社に雇われていた。取調べの結果，イギリス人が同島のオランダ商館を占領して，オランダ人を皆殺しにして，貿易を独占しようとしているのがわかった。イギリス人の陰謀が発覚したため，イギリス人数名が捕まえられ，拷問裁判でイギリス人10人，日本人とポルトガル人の使用人数名が処刑された。連合東インド会社は，東アジアからイギリス東インド会社を締め出した。

　アジアとの貿易のため，1652年にオランダは喜望峰に補給基地を設けた。オランダは17世紀半ばまでに，ポルトガルの交易基地を次々と奪っていって，

この地域からポルトガルを排除するのに成功した。

2.3 西インド会社

　新大陸では，オランダ商人はまず，ポルトガル植民者との密貿易で，砂糖をオランダに吸収して，精糖業を発達させていた。そして，1621年に，西インド会社を設立して，生産地そのものの支配をもくろんだ。

　西インド会社設立の目的は，スペインにできるだけ損害を与えて，祖国の完全な解放の達成のための「責任の一端を果たす」ことであった。好戦的なマウリッツ派の商人たちが西インド会社を結成したといわれる。ヨーロッパに軍事革命をもたらしたとも評価されるマウリッツ（Maurits van Nassau：1567～1625）はオラニエ公ウィレムの次男である。

　マウリッツは1618年から始まったドイツ三十年戦争に参戦した。そのような時代に設立されたのが，西インド会社である。西インド会社の目的はブラジルの占領（1624～1654）で果たされた。

　オランダは，ブラジル北東部の砂糖農園を受け継いだ。西インド会社は砂糖農園の奴隷労働力確保のため，ギニアやアンゴラなどアフリカ西海岸のポルトガルの拠点を次々に陥れ，1640年頃には，西インド諸島やアメリカ大陸の植民地への奴隷供給を一手に握った。オランダの入植者によって，1640年代にペルナンブコの砂糖産業は繁栄した。しかし，それも束の間，1640年に再び独立を回復したポルトガルが反撃を開始し，1654年にオランダ西インド会社はブラジルから撃退された。この時，オランダの植民者は西インド諸島に逃げた。

　このオランダの避難民によって，西インド諸島で砂糖革命が開始されたという説がある。しかし，西インド諸島のバルバドスでは，すでに，イギリス人による砂糖生産が開始されていた。

2.4 アムステルダム銀行

　17世紀，オランダが全ヨーロッパの国際貿易の要に位置するようになった。1609年，アムステルダム銀行が設立された。この銀行は公立の預金振替銀行であり，のちのイングランド銀行のように，商業手形の割引で信用供与を行う銀行ではなかった。

　当時，各国では，さまざまな通貨（金銀の鋳造貨幣）が流通していた。それぞれの品位が異なり，重量も異なっていた。通貨の価値（金地金や銀地金の価値）で，通貨の交換（両替）が行われていた。アムステルダム銀行では，連合東インド会社やアムステルダム市といった，大口の経済主体に対して，預金口座を開設させた。

　預金された通貨は計算だけのために作られた銀行の通貨に換算された。その銀行通貨で，複式簿記の形式で帳簿が作成され，それぞれの経済主体の帳簿に対して，振替がなされた。これによって，通貨の安定と外国為替の決裁の便が大いに計られ，ヨーロッパのほとんどの主要都市との間に為替取引が開かれた。

参 考 文 献

J. ド・フリース・A. ファン・デァ・ワウデ（大西吉之・杉浦未樹訳）『最初の近代経済』名古屋大学出版会，2009年
佐藤弘幸『西欧低地諸邦毛織物工業史：技術革新と品質管理の経済史』日本経済評論社，2007年
河原温『ブリュージュ：フランドルの輝ける宝石』中公新書，2006年
永積昭『オランダ東インド会社』講談社学術文庫，2000年
藤井美男『中世後期南ネーデルラント毛織物工業史の研究』九州大学出版会，1998年
中澤勝三『アントウェルペン国際商業の世界』同文舘，1993年
科野孝蔵『オランダ東インド会社の歴史』同文舘，1988年

第15章
羊毛輸出と毛織物工業

1 羊毛貿易と羊毛生産

　中世ヨーロッパでは，毛織物は地方的消費のためにほとんど至る所で生産されていた。しかし，14世紀中頃までに2大中心地が有名になった。一つはネーデルラント，特にフランドル地方で，もう一つが北イタリア，特にフィレンツェである。ここは奢侈品や上質毛織物の生産で，他のすべての国々を圧倒した。羊毛を供給したのはイギリスとスペインであった。

　スペインのカスティーリャでは，12世紀後半に北アフリカからメリノ羊が導入された。1273年に移牧のための組合がスペインで結成された。組合の名前をメスタといい，その最盛期は15世紀後半であった。メスタが権力を行使したときには，羊の群れが農地を荒らしてまで移動したこともあったとさえいわれる。羊の群れは夏の間，イベリア半島の北部の山岳地帯に移動した。冬になると，半島の南部に下りてきて，冬の寒さをしのいだ。夏と冬で，イベリア半島を縦断・移動して，放牧したので，移牧と表現される。

1.1 羊の種類

　羊毛の繊維の長さで羊は2種類のものに大別できる。短い羊毛を産出する小さい羊は，やせた放牧地や，丘陵地帯，荒れ地，白亜の丘で飼育された。短い羊毛は刷毛で整えられ，厚手の紡毛織物（woollen）を作るのに用いられた。長

い羊毛を産出する大きい羊は，肥沃な草地，湿地，沼沢地で飼育された。長い羊毛は通常，薄手で軽い梳毛織物（worsted）の生産に用いられた。

1.2　領主直営地での牧羊

　牧羊地は中世では領主直営地と農民保有地に分けることができる。大所領では数千頭の単位で羊が飼育された。13世紀にフランドルの毛織物工業が発展すると，イングランドではフランドルからの羊毛の需要が増大した。ヨークシャやリンカンシャなどでは新設のシトー会修道院等がフランドルの羊毛需要を満たした。イングランドの領主直営地経営の全盛期は13～14世紀初期である。

　大所領は直接に輸入商人と羊毛売買契約を結んだ。そして，輸出商人自身かその代理人が，修道院や貴族の館を回って羊毛を調べた。たいてい，羊毛は事前の契約で売却された。修道院は2～3年間分，ときには15年，20年先まで羊毛を前売りすることもあった。これは事実上，羊毛を担保にした貸付であった。

　領主直営地での羊毛生産は13世紀にピークに達した。とはいえ，その時でも農民の小生産が総生産の半分以上を占めていた。以後は農民の生産が拡大した。

1.3　外国商人と大所領

　14世紀前半までのイギリスの羊毛輸出には，イタリア人，フランドル人，ドイツ人など，多くの外国商人が関与した。イタリア人は13世紀に教皇税の受領者として大挙渡来し，修道院と取引した。教皇税はヘンリー3世（在位1216～1272）が容認した課税である。ローマ教皇はイギリスの聖職者から税を徴収した。修道院は現金をあまり持っていなかったので，羊毛の形で教皇税を支払った。

　羊毛を担保とする貸付は世俗の領主や国王にまで及んだ。国王への貸付の際には，そのみかえりとして，イタリア商人は羊毛輸出の自由や独占権を得て，

関税徴集の請負さえも行った。このようなイタリア人の優位は1320～1330年代まで続いた。1290～1345年の間に，フィレンツェの商会が関税収益を引当に行った貸上金だけで総額約43万ポンドに達した。これはイギリス王室の経常費の約20年分であった。

イギリス商人は13世紀末に羊毛輸出の3分の1ほどを占めたにすぎなかった。しかし，14世紀後半には，3分の2から4分の3に達し，15世紀には5分の4がイギリス人によるものとなった。残りはイタリア人が直接，海路でイタリアに輸出するものであった。

1.4 羊毛と手形の流通

地方の羊毛仲買商が農村を回って，牧羊者から羊毛を買う。仲買商は購入価格の3分の1以上を即金で支払うことはなかった。残りは手形で支払われた。ロンドンの輸出商も仲買商から信用で羊毛を購入して，それをカレーに輸出した。カレー現地の商人もロンドン商人から信用で羊毛を購入した。

支払いの流れは，ロンドン商人が仲買商から取得した手形をネーデルラントの商人に提示するときに動き始める。ロンドン商人はネーデルラントの定期市のどこかで，半年ほどのちに代金の取り立てを行うのである。

2 特権組合

イギリスでは，羊毛輸出商がステイプル組合（Merchants Staplers）を結成し，毛織物輸出商が冒険商人組合（Company of Merchant Adventurers of London）を結成した。ステイプル組合は遅くとも1359年までに結成され，冒険商人組合は1407年に特許状が与えられた。

14世紀にステイプル（指定市場：staple）は特定の市場で羊毛輸出を管理し，関税徴収を円滑にするために設けられた。そのような指定市場に持ち込まれる羊毛を取引する商人達の自治組合もステイプルと呼ばれた。

ステイプル商人はイギリスの富が羊毛であるかぎり，実力者として君臨した。エドワード3世（在位1327～1377）は各地から集めた羊毛を詰めた椅子で上院の議長席を作った。

2.1 ステイプルと国王

海外の商人や統治者はステイプルがもたらす貿易と収入のために，自分の土地にステイプルを置きたいと願った。イギリスの国王はステイプルをどこに置くかで，諸外国と同盟関係を結ぶための餌としてステイプルを利用できた。

国王は財政的にも，ステイプルとの関係を密にする必要があった。国王の軍隊や同盟国に資金を供給するため，それに便利な大陸の一定の場所をステイプルにして，できるだけ効率的に，迅速に，関税や借り入れ金を徴集する必要があった。羊毛輸出の独占権を特定の商人に与えることで，そのみかえりに彼らに重い関税を課して，関税を徴収するか，あるいは，その関税を担保として商人たちから借り入れを行うこともあった。

2.2 ステイプル市場成立

輸出商人は，外国商人の排除と協定価格操作を容易にする点で国外ステイプルに利害をもった。外国商人と羊毛生産者は自由貿易を望んだ。羊毛生産者はステイプルがあると，買い手が減少して，羊毛価格が安くなったので，ステイプルに反対した。また，国外ステイプルにしても，輸出の独占や，高率輸出関税と結びつき，それによって，商人が羊毛を低価格で購入するという形での価格の転嫁が行われたので，反対した。14世紀の間は，これらの利害が対立して，ステイプルが揺れ動いた。

1334年にブリュージュに指定市場が置かれた。1347年に仏領カレーをエドワード3世が占領して，フランドル地方への橋頭堡を確保した。1363年にカレーが国外指定市場になった。

2.3 羊毛から毛織物へ

　国内の羊毛仲買商人，毛織物業者，羊毛生産者にとっても，ステイプル方式は徐々に良い方向に動いていった。国外のステイプルの設置によって，国外の羊毛価格が上昇して，低地地方の毛織物生産者より，イングランドの毛織物業者のほうが安く生産できるようになり，競争力を増した。取引量が増大すると，羊毛生産者や仲買商人の活動も活発になった。すなわち，イギリス毛織物工業の台頭はステイプル組合の独占の副産物であった。

　羊毛貿易でのイギリス人の優位は，羊毛輸出の増加を意味しなかった。イギリス羊毛の年輸出高の平均は，14世紀初頭のピークの時代に35,000袋（sack）以上であった。15世紀半ばには8,000袋に低下した。

　他方，毛織物の輸出は増大した。14世紀半ばに年平均毛織物輸出は約1万反に達した。15世紀にはほぼ3万反以上，16世紀前半には8～10万反の毛織物が輸出された。

3　農村毛織物工業の台頭

　14世紀末には，英国が輸出する羊毛製品のうち，毛織物として輸出されたものは30％であったが，15世紀中頃には50％以上を占め，ヘンリー8世（在位1509～1547）の末年には86％に達した

　イギリスでは縮絨工程への水車の導入をきっかけに，13世紀頃から，毛織物の中心が徐々に，東南部の平野地帯の諸都市から離れ，水流に恵まれた西部やペニン丘陵地帯の農村地域に移った。縮絨水車は封建領主の水車強制のもとにおかれたが，これで農民の毛織物生産が促進され，手工業者も定住できた。

　都市ギルドによる毛織物生産は14世紀から衰微しはじめ，16世紀になると，毛織物工業は全国いたるところの農村で営まれるようになった。

3.1 織物に関する法令

1555年の織布工法は，その序文で，富裕な織元がさまざまの織機をしつらえ，雇職人たちや不熟練の人々を働かせて，織機に習熟する多くの織布工とその家族を破滅させているし，織元は多数の織機を集め，それを貧しい職人に不当な賃料で貸しつけ，以前よりはるかに少ない賃金・報酬しか払わないと，織布工たちが訴えたとして，法の制定の理由が述べられた。

1563年の職人規制法では7年間の徒弟修行が強制された。徒弟として，都市市民の子弟を優先させ，修業場所は都市に限定された。

3.2 リヴァリ・カンパニー

イギリスでは14世紀後半から，ギルド内部で封建的な身分秩序や，種々の階層差が拡大して，有力なギルドはリヴァリ・カンパニー（livery company）へ転化し始めた。ロンドンで16世紀初頭に，国王から特許状を得た約30団体が法人化されたリヴァリ・カンパニーであった。市行政下にあった手工業ギルドはカンパニー化しなかった。底辺には石炭焼工のような不熟練職人や女性の絹撚糸工のように，ギルドさえない職業もあった。

1596年のロンドンの織布工カンパニーの規約で，階層別に所有織機台数が制限されていた。上層部は織機7台まで，普通の会員は6〜5台という制限があった。そして，これらの諸規制を破っていったのは，カンパニーの中でも富裕な層に属するもので，規制を強化しようとしたのが，小親方層であった。さらに，17世紀にはいると，カンパニーは都市だけでなく，農村地域を含むものまで登場して，州単位や国家的規模のカンパニーまで登場した。

3.3 プロト工業化

プロト工業化（proto-industrialization）という用語がある。工業化の前の工業化という意味で，ヨーロッパでは16〜18世紀頃に主に農村で家内工業が展開したことをさす。原材料を調達した織元が農村の手工業者を前貸問屋制

(putting-out system) で組織し，織元は牧羊業者から羊毛を集めて，洗毛したあと，近隣の紡毛工や織布工に仕事を与え，最後の縮絨・仕上工程を自分の職場で営んだ。

3.4 ブラックウェル・ホール

毛織物はロンドンのブラックウェル・ホールで扱われる商品となっていた。ブラックウェル・ホールでは13世紀から毛織物の定期市が開かれていて，1516年には，他の取引所での羊毛製品の取扱が禁止されることで，ブラックウェル・ホールがロンドンでの羊毛製品の独占市場となった。15世紀後半から18世紀前半まで多くの毛織物取引・仕上げ加工がロンドンに集中していたので，ブラックウェル・ホールが全国的にも独占的な毛織物集散地となっていた。

3.5 アントウェルペン市場

16世紀の北西ヨーロッパの仲継貿易の中心はアントウェルペンであった。ロンドン経由のイギリスの毛織物輸出のうち，7～8割はアントウェルペンに輸出された。アントウェルペン向けの毛織物の大半は未仕上げの「白地広幅織」という半製品からなっていた。アントウェルペンは仲継市場であったばかりでなく，フランドルやブラバントの都市毛織物工業を背景にもつ染色，仕上げ業の一大中心地であった。

3.6 新毛織物

16世紀半ばに，新毛織物（new drapery）が発展した。新毛織物工業はネーデルラントから始まった。イギリスでは東部地方から新毛織物工業が根付いていった。紡毛織物の生産はその後も続いたが，その中心地であるウィルトシャの毛織物工業は1720年代初期の大不況期に大きな痛手を負った。

ノーフォクでは，新毛織物の生産が増大した。18世紀初頭には，新毛織物

が毛織物輸出の6割を占めるようになった。レヴァント貿易は1670～1720年代に最盛期に達した。主にイギリス産の毛織物を輸出し（総輸出品に対する毛織物の割合は8～9割），ペルシア産の生糸を輸入していた。交易拠点はアレッポ，イズミル，イスタンブルであった。

参 考 文 献

坂巻清『イギリス毛織物工業の展開』日本経済評論社，2009年
熊岡洋一『近代イギリス毛織物工業史論』ミネルヴァ書房，1993年
アイリーン＝パウア（山村延昭訳）『イギリス中世史における羊毛貿易』未来社，
　　1966年

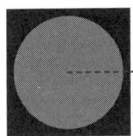

第16章
救貧法の始まり

1 救貧問題

　「経済」という言葉は経世済民，経国済民の省略形である。「済民」すなわち，人民を苦しみから救済することが経済の目的の一つである。絶対王政期のイギリスでは，救貧問題は救貧法で扱われた。この救貧法は，しばしば，貧困から救うのではなく，貧者を処罰するための法律であったという評価を受けている。

　貧民は歴史上，常に同じ意味での貧民であったのではない。共同体の中で暮らすことができると，貧民にはなったとしても，現代の家族と同様に共同体成員は助け合って暮らしていたので，貧民は他の共同体成員の援助を期待できた。

1.1 救貧の歴史

　大陸（イギリス以外の西洋諸国）には，都市単位での救貧政策はあったが，イギリスのように政府・国王が統括した救貧法に該当する制度はなかった。大陸で本格的に政府による救貧事業が始まるのは，19世紀になってからである。これは大陸の対応が遅れたとか，宗教的発想法が異なっていたというものではなく，単にイギリスではノルマンの征服以来，中央集権的な制度運営がなされていたからにすぎないと思われる。

現代社会は近世のイギリスと同様に，国家が福祉政策を担っている。イギリスは中央集権的な救貧制度を教区（parish）を単位として作り上げていった。

1.2 中世盛期の救貧事業

12世紀後半に煉獄概念が導入された。貧者や弱者への生前の喜捨は，裕福な市民の贖罪行為として認められた。富裕市民は救貧施設を贈与・寄進し，自らの魂を救済した。その頃，貧困の深刻化に対処するため，聖書の清貧理念に回帰して，キリストの貧者を標語とする宗教運動が活発になった。貧者は神の愛のために進んで貧困に耐える者であり，施しの対象になった。

アッシジの聖フランチェスコ（Francesco d'Assisi：1181/82～1226）は，大商人の子であり，若い頃には世俗の欲望にひかれたが，天啓を得てから，すべての所有物を捨てた。彼は乞食となり，貧者を友とする愛と奉仕の生活に入った。1209年に清貧と説教を中心に置くフランチェスコ修道会が設立され，ローマ教皇インノケンティウス3世（在位1198～1216）の許可も得た。フランチェスコ修道会は托鉢修道会の代表的存在で，使徒と同様に貧しい生活の中でイエスの教えを説くという活動に従事した。

1.3 主人を持たない者

13世紀に慈善施設は増加と規模の拡大をみた。施設に受け入れられたのは，市民権を有する者や一定の入所金を払えるものであった。寄進者のためのミサに出席する義務があり，従順で信仰心が篤ければ，施設に受け入れられた。

1300年頃からフランチェスコ修道会の姿勢は，教会法学者たちから批判されるようになった。故意に怠けているものを救済しているという問題を指摘された。怠けているのはたいてい，「主人を持たない者たち」であり，この新しい種類の貧困が問題にされるようになった。農奴制の束縛から逃れようとした「労働可能な乞食」たちである。

14～15世紀に新しい社会立法が行われた。黒死病で苦しんだイギリスでは，

1351年に労働者規制法が制定された。労働可能な60歳以下の男女は黒死病前の平均賃金で労働することが求められ，奉公人と賃金労働者が契約期間中，主人のもとを去ることが禁止された。さらに，労働を拒否する身体健全な乞食に喜捨を施すことが禁止された。大陸諸国でも同様で，身体的弱さのため援助を要する「良き貧民」と，身体壮健な乞食のように救済に値しない「悪しき貧民」という道徳的二分法が採用された。

　15世紀に人文主義者は，神聖さとは結びつかない貧困が社会的無秩序の原因であり，抑止されるべきであると考えるようになった。フランチェスコ修道会も，修道会自体が莫大な富を蓄積するようになって信頼されなくなった。托鉢修道士や巡礼者は不敬な詐欺師とののしられるようにもなった。

　1517年に宗教改革が始まる頃には，大陸では，都市当局が貧民救済にたいして全面的責任を負うように求められるようになった。労働は隣人愛の実現であり，称えられる行為である。その対極の浮浪や物乞いは非難に値する。1520年代に，大陸の諸都市は救貧改革条例を制定した。貧民救済は都市当局が行い，そのための貧民救済の財源を一本化し，物乞いを禁止し，貧民の子の教育を実施するという内容である。

1.4　フッゲライ

　商人たちは死後の魂の救済を得るため，「彼岸との取引」をしていた。その一例に，アウクスブルクの大富豪フッガーが建設したフッゲライがある。カトリックのフッガー家も貧しさを装う，怠惰な物乞いには批判的であった。

　フッゲライは建設に数年をかけ，1521年に完成した。設立の正式文書では「貧者の家々」と記載され，「アウクスブルクの貧しい人々，困窮する市民と住民，手工業者，日雇い，その他物乞いをしようと思わない人々」のための住宅として建設された。ここは今でも，生活保護の対象になる55歳以上の老人専用アパートとして百数十人が利用していて，世界最古の社会福祉住宅として有名である。

2 イギリスの救貧法

「呪うべき貧民」に国家がいかに対処していくかを規定したのが，救貧法（poor law）である。救貧法は何度か改訂され，いろいろな名前を付けて現れるが，一般に1662年の定住法から，1834年の救貧法改訂法（新救貧法）までのものを旧救貧法という。以下では，1531年の乞食・浮浪禁止法から始まって，有名な1601年のエリザベス救貧法に至るまでの法律も救貧法として扱う。

イギリスの人口は黒死病で激減したあと，1520年に230万人にまで回復して，それ以降，順調に増大した。1580年には350万人の人口を抱えるまでになり，平均寿命も40歳まで上昇した。ロンドンはエリザベス女王の統治が始まる頃に12万人の人口であったのが，終わる頃には20万人に達した。

2.1 イギリスの貧民

貧民という表現は，かなりの幅がある。法律上は，身体障害者や寡婦のほか，働く意思・能力のある者で，仕事のない者が貧民と呼ばれるようになった。しかし，これは，救貧法的立場から見た貧民である。救貧法の対象となる人々は一般の貧民とは区別され，窮民（pauper）と表現される。

これに対して，16世紀から19世紀頃までの上流階級が「貧民」という言葉を使う場合には，貧民とは，農村では数十エーカーの土地を持って，村の顔役であるヨーマン以下のすべての農民をさし，都市では，親方層以下のすべての都市住民をさすものである。

2.2 浮浪者か乞食か

救貧法的な措置は15世紀から始まっている。1495年の浮浪者・乞食禁止法では，浮浪者を晒し者の刑に処したのち，生国へ帰還させた。

しかし，イギリスの宗教改革時代である1530年代に，救貧法が整備された。1531年の乞食・浮浪者処罰法はそれまでの方式をまとめたものである。この

法で浮浪者は「身体が健全かつ強健で労働可能でありながら，土地や主人をもたず，生計を立てるためのいかなる合法的な商売・手技・秘儀をも利用しない者たち」と定義された。

1536年法以降は，憐れみと善意による任意の施しが禁止されるようになり，教区毎に施しが組織的に徴収されるようになった。教区が国家の末端の行政組織として利用された。

教区毎の救貧税の徴収はイングランドに特有の制度である。教区を単位とする救済費用の徴収は，この法律以前にも，たとえば兄弟団によってなされていたが，1547年の礼拝堂解体令によって兄弟団やギルドの相互扶助が解体された。

2.3 修道院の解体

ヘンリー8世は1534年の首長法でイギリス国教会を創設した。ローマ教皇の権威から分離されることで，教区が王国の末端の行政単位として利用可能になった。

さらに首長法の結果，1540年までに各地の修道院が解散された。1536年に小修道院解散法，39年に大修道院解散法が成立し，最終的に，1540年のウォルサム修道院の解散で修道院はイギリスから消滅した。

イギリスの修道院領が王領化されることで，それまでローマに貢納されていたものを，国王は税金として利用できるようになった。1530年に修道院はイングランド全体で800以上あった。その総面積はイングランドの1/5～1/4を占めた。修道院の解体で王室の収入は倍化した。

しかし，1543～1547年に旧修道院領の約2/3が国王の手を離れた。これは直接的には，1542年にスコットランド，1544年にフランスとの戦争に突入したための臨時的な措置であった。この修道院領を購入して，社会的地位を確保したジェントルマンたちが19世紀までのイギリス史を動かすことになった。

2.4　救貧の財源問題

　救貧税という形で，施しの強制的徴収が行われるようになっても，当然のことながら，それに応じようとしない者が現れてきた。罰則がない法律はざる法となり，まじめな人を犠牲にして，ずる賢い人のために役立つ法律となる。このような事態に対処するため，1563年には貧民救済法が施行され，寄付を拒否する不埒な者に罰金を課し，再度拒否すると投獄できるようになった。

2.5　労働強制

　1563年の職人規制法は労働可能な貧民が労働に従事するのを拒否するか，あるいは契約期間が終了しないのに，仕事を離れたりすれば，彼らを逮捕し，牢獄に収容できると定めた。主人のもとを離れるときには，身分証明書を持ち歩かなければならなかった。

　当初，浮浪する者は怠惰のためにそうするのであって，処罰するだけで十分であると考えられた。たとえば，悪名高い1547年法では，3日以上仕事をしない浮浪者はV字を烙印して，2年間奴隷として働かせるように規定された。逃亡奴隷はS字を烙印されて終身奴隷となり，終身奴隷が逃亡すると死刑となった。しかし，この法律は1550年に廃止された。

　浮浪者に仕事場を明確に提供するようになったのは1576年法からである。ここでは，原料を集めて，貧民に仕事を提供し，さらに，矯正院を建設し，労働拒否者をここに収容するように規定された。この法の主要目的は「若者を労働と仕事に慣れさせ，そのなかで育て上げる」ことであった。1576年法から労働意欲のある浮浪者には原料を提供して，労働意欲のない浮浪者には矯正院での労働を強制するようになり，自発的失業と非自発的失業の区別が始まるようになった。

2.6　エリザベス救貧法

　テューダー期の救貧法は1598年にほぼ完成し，1601年法で確定した。[1]

貧民は仕事につかせ，2）無能力者は救済し，3）窮民の子は徒弟奉公をさせ，4）教区住民に救貧税を課し，その支払いを拒絶する者の財産は差し押さえ，5）乞食は禁止する。1601年の救貧法はエリザベス救貧法と呼ばれ，テューダー期の救貧法の集大成として扱われる。

　この救貧法には，浮浪者の規定は現れていない。浮浪に関しては1598年のいわゆる浮浪法で犯罪として扱われるようになった。もはや，中世的な憐れむべき乞食などといった思想は微塵もみられない。

参 考 文 献

A. L. バイアー（佐藤清隆訳）『浮浪者たちの世界：シェイクスピア時代の貧民問題』
　　同文舘，1997年
諸田實『フッガー家の遺産』有斐閣，1989年
中村賢二郎編『都市の社会史』ミネルヴァ書房，1983年

第 4 部　商業革命時代の経済・社会

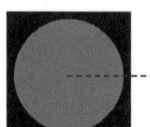

第17章 商業革命とアメリカ植民

1 イギリスの大航海

　商業革命（commercial revolution）という言葉がある。これは18世紀のイギリスで，それまでのイギリスの発展を賞賛して使われるようになった言葉である。現在は，王政復古（1660年）から産業革命の開始期（1780年代）までの，イギリスの海外発展をさす場合が多い。

1.1　カボート父子

　当初，イギリスはスペイン，ポルトガルとの直接衝突を避けた。イギリスは小国であった。イギリスは北西航路と北東航路の開発から，世界進出を試みた。

　コロンの情報が入ると，ヘンリー7世（在位1485～1509）はブリストルに滞在していたイタリア人のジョヴァンニ・カボート（Giovanni Caboto：1450～1498頃）にアジアに向けての航海を許可した。しかし，すでに，ブリストルの漁民がニューファンドランド島沖合いのグランド・バンクスに行っていて，カボートの航海はその情報を下に立案されたのかもしれないという説もある。この大陸棚では，現在もタラ，カレイ，ニシンなどが獲れる漁場として有名である。1497年，カボートはニューファンドランド島とノヴァ・スコシア半島と推定されている土地に到達した。

ジョヴァンニの子，セバスティアン・カボート（Sebastiano Caboto：1484〜1557）はロンドン商人の支援の下に，現在のハドソン海峡からチェサピーク湾あたりであろうと推測されている地域を探検した。彼はのちに，モスクワ会社（Muscovy Company）の総裁となった。

1.2 北東航路

1552年，240人のロンドン商人が集まって，6,000ポンドを出資して，3隻の船をアジアに向けた。出資者にはアントウェルペンとの交易に活躍した商人が多かった。1553年に出航し，モスクワでイヴァン4世（在位1533〜1584）に会い，通商の許可を得た。1554年に，その報告を聞いたロンドンの商人たちは，翌1555年に特許状を得て，モスクワ会社を設立した。この会社はイギリスで最初の合本会社（joint stock company）であった。

モスクワ会社に集まった商人たちは本格的に香料貿易に進出するために，1581年にトルコ会社（Turkey Company）を結成した。北東航路は失敗であった。

1.3 トルコ会社とレヴァント会社

トルコ会社はスミス（Thomas Smythe）とマーティン（Richard Martin）が中心になって組織された。前者は関税の徴集を請け負った関税吏であり，後者は造幣局の長官であった。トルコ会社は当初，合本会社として運営されていたが，1592年には改組されて，制規会社（regulated company）形式のレヴァント会社（Levant Company）となり，会員数を12人から53人に増やした。1590年代末に，レヴァント会社はロシア会社の3倍以上の毛織物を輸出したが，輸出よりも，香料，絹織物，干しブドウの輸入額の方が大きかった。ちなみに，レヴァントはイタリアより東方の地中海沿岸の地方をさす。

制規会社方式では会社自体は取引に参加しないで，会員が商業的利益を得るギルド方式である。レヴァント会社は会員の船舶の派遣数を制限し，売買する

商品の価格を設定し，会社への参入を制限した。会員資格もギルド的に与えられた。7年間徒弟として会社の業務に携わり，そのうち4年を会社の海外商館で過ごした者を会員とした。このような手法で，徒弟は商人としての交易技術を獲得して，レヴァントに取引相手を作り，一人前になる資金を作った。

レヴァント交易は儲かったので，徒弟になりたがる者が多くて，徒弟としての入会金は1630年代には200～300ポンドという法外なものであった。ちなみに，グレゴリー・キング（Gregory King：1648～1712）の1688年の推計では，大貿易商の所得が年収400ポンド，小貿易商が200ポンド程度であった。

2 アメリカ植民

イギリスはテューダー朝の時代には，まだ，アメリカ大陸を探検しているにすぎなかった。17世紀には会社組織を利用して，アメリカ植民が開始された。

2.1 私掠船

1588年にスペイン無敵艦隊を迎え撃った頃，イギリスでは私掠船（privateer）が活躍していた。私掠船は本来，外国で何らかの損害を被った場合，その損害賠償を求めて，海軍法廷に提訴し，許可が得られれば，外国にでかけていって，実力で損害賠償を勝ち取るものである。国内法では合法的活動であるが，外国から見れば，非合法の海賊と変わりがなかった。そのため，エリザベス女王は海賊女王とあだ名された。

2.2 アメリカ植民の始まり

アメリカ植民を推進したのは，エリザベス女王の寵臣であったウォルター・ローリー（Sir Walter Raleigh：1552-1618）である。ローリーは1584年，特許状を得て，1585，87年に部下をアメリカに派遣した。彼らは現合衆国のノース・カロライナ州沖ロアノーク島に進み，そこを占拠したが，失敗した。

1606年にヴァージニア会社(プリマス会社とロンドン会社)が設立され,1607年にヴァージニアの植民が再開された。プリマス会社の植民者は失敗したが,ロンドン会社の植民者はジェームズタウンの建設に成功した。

1609年の新しい特許状では植民地の経営と統治の権限が会社の評議会に付与された。渡航費を自弁する者はヴァージニア会社の株主の地位を得た。株主は100エーカの土地を配分された。渡航費のない者は7年間の年季契約奉公人になった。1609年には約400人の植民者がジェームズタウンに送り出された。食料が不足して,植民は困難を極め,木材や毛皮を本国に輸出するので精一杯であった。この情況を改善したのは,タバコ栽培であった。

2.3 タバコとインディアン

1612年,ジョン・ロルフ(John Rolfe:1585頃～1622)がタバコ栽培に成功した。ロルフはのちに,この地方を治めていたポーハタン族の族長の娘ポカホンタスと結婚した。ポカホンタスは1615年,長男を出産したあと,イギリスに渡航して,17年3月,病気で死亡したと伝えられる。

1618年以降,サー・エドウィン・サンズ(Sir Edwin Sandys:1561-1629)が改革を断行した。タバコの輸出は1618年に年3万ポンドであったものを,1627年には50万ポンドに増加させた。

イギリス人はインディアンから食料の提供も受け,タバコの栽培方法も教えてもらった。イギリス人の態度は高圧的であったため,争いが絶えず,1622年,インディアンとの戦争が生じた。保守派の反対を受けて,ヴァージニア会社は混乱状態に陥り,1624年,ヴァージニアは王領植民地となった。

3 商業革命の開始

17世紀後半,イギリスに立ちはだかったのがオランダであった。商業的にオランダ優位の時代ともいわれているが,イギリスがオランダを凌駕しつつあ

った時代でもあった。

3.1 英蘭戦争と植民地商人

イギリスとオランダは1652〜1654年，1665〜1667年，1672〜1674年の3度，戦った。軍事的衝突の背景には，経済的争いがあったが，1688年の名誉革命でオランダ総督のオラニエ公ウィレムがウィリアム3世（在位1689〜1702）としてイギリス国王となり，ジェームズ2世（在位1685〜1688）の娘メアリ2世（在位1689〜1694）と共同統治を始めることで，政治的・軍事的な争いは終わった。

第1次英蘭戦争はいわゆるクロムウェル航海法が原因であった。17世紀には，北アメリカ植民地や西インド植民地との交易に従事する植民地商人が登場した。植民地商人はタバコの輸入や奴隷貿易も開始した。革命時代に国王チャールズ1世の処刑を強く求めたのは，この植民地商人であった。

植民地商人の一人，モーリス・トンプソン（Maurice Thompson）は1620年代に西インド諸島の貿易に従事し始め，1640年代にはギニアとバルバドスの間の奴隷貿易も実施した。1630年代にはサー・ウィリアム・コーティン（Sir William Courteen：1572-1636）と協力して，東インド会社の独占を攻撃し，カナダの毛皮貿易に従事し，ヴァージニアのタバコ貿易に関与した。

コーティンはプロテスタント系の家系に育ち，ポルトガル，西アフリカ，西インドなどとの交易実績を持っていた。1624年には無人のバルバドス島を見つけて，その植民の特許状を得た。コーティンは1625年に三圃式農法で有名なラックストンの荘園を購入したり，1628年にはチャールズ1世に5,000ポンドを貸して，ノーサンプトンシャの土地を得たりした。サー・ポール・ピンダー（Sir Paul Pindar：1565〜1650）とともに，コーティンは王家に総額で20万ポンドを貸し付けたといわれる。

ピンダーはレヴァント貿易で財をなした商人で，1610年代にはジェームズ1世の大使として，オスマン・トルコに駐在したこともあった。チャールズ1世

はコーティンとピンダーのグループに，東インド会社があまり進出していない日本・中国・マラバール海岸に対して5年間の独占権を与えて，見返りに融資を受けた。彼らはアサダ商人と呼ばれた。アサダは現在はノシベ島と呼ばれている島である。この植民は失敗した。

3.2 航海法

17世紀半ばまで植民地商人の船はあまり利用されなかった。多くのイギリス人は船賃を安く設定していたオランダの商人を雇っていた。オランダは世界の中継貿易を牛耳っていた。植民地商人にとって，オランダ商人はいかなる手をつかってでも，排除したい相手であった。

1648年にドイツ三十年戦争が終わって，オランダはスペインからの独立を手に入れた。オランダはポルトガルの商業拠点の多くも奪い，全力を傾けて，中継交易を再開した。イギリス商人はイベリア半島，地中海，さらには，西インド諸島のイギリス領植民地でさえ，オランダ商人に圧倒された。

オランダの攻勢に対して，植民地商人は1651年，航海法を制定した。このクロムウェル航海法で，1) イギリスへの商品の輸入はイギリス人の船によること，2) ヨーロッパ製品は生産国かイギリスの船で輸送することが規定された。これでオランダ商人をイギリスの海上商業から排除することは可能であると思われた。

航海法の発想法は，それまでの，個々の貿易会社に与えられていた商業的独占権とは異なっていた。イギリス商人に対して一括して適用される国家独占の法体系となった。東インド会社への独占権など，いくつかは残ってしまったが，国内では独占事業体を廃止して，すべての国民に平等・開放的になった。国際的には，イギリス人のみに恩恵を与える独占的で閉鎖的な方式が採用された。オランダとの対抗を通して，国粋主義的意識が涵養された。

1654年にウェストミンスター講和条約が結ばれた。クロムウェルはここで，1623年のアンボイナの損害賠償を求めた。アンボイナ事件に対して，賠償金

8.5万ポンドと，遺族への補償金3,265ポンドをオランダに支払わせた。

　オランダは航海法を容認した。しかし，イギリスの意図は不成功に終わった。西インドの植民者はオランダの商品を好み，オランダ商人に砂糖の運送を頼んだ。密貿易の取り締まりを受けないように，オランダは自国の植民地を経由させることを思いついた。

　1660年の航海法では，船員の4分の3がイギリス人であること，イギリス領植民地で生産されたタバコ，綿花，砂糖といった列挙商品はイギリスとイギリス領植民地にのみ輸入されることという条項を付け加えた。

　1663年の航海法はタバコや砂糖などの列挙商品はまずイギリスに輸入してから，再輸出すること，そして，植民地に輸出されるヨーロッパ各国の商品はまずイギリスに輸入されて，関税を支払ってから，再輸出することが規定された。

参 考 文 献

デイヴィッド＝アーミテイジ（平田雅博他訳）『帝国の誕生：ブリテン帝国のイデオロギー的起源』日本経済評論社，2005年
杉浦昭典『海賊キャプテン・ドレーク』中公新書，1987年
浅田実『商業革命と東インド貿易』法律文化社，1984年
川北稔『工業化の歴史的前提』岩波書店，1983年
ジェンキンソン他著（朱牟田夏雄他訳）『イギリスの航海と植民』大航海時代叢書，第2期17-18，岩波書店，1983-1985年

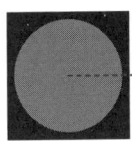

第18章 救貧と労働者

1 旧救貧法

17世紀前半に，救貧制度でめだった改革はなかったようである。この体制が変化を見せるのは，王政復古以後である。

1.1 定住法（1662年）

1662年，王国の貧民のより良い救済のために，いわゆる定住法（Act of Settlement）が制定された。16世紀には浮浪者を生国に帰還させた。定住法は，教区が受け入れるかどうかを問題にした。貧民がその教区で定住権を得られなかったら，教区たらいまわしになる。

当該教区にとって新参者は，40日以内に不満の声があがり，10ポンド以下の家を賃借する場合，2名の治安判事によって教区から排除されると，定住法は規定した。

新しく教区に引っ越してきた人は，救貧税の負担になりそうであれば，定住権を与えない。教区から追い出したあとは，どうなるか，わからない。追い出された貧民の多くは幼子を抱えた未亡人，老人，身体障害者であったと推測される。これらの人々は必ず救貧の対象になるので，彼らが教区に定住して，定住権が発生すれば，救貧税の負担が増える。逆に身体強健で，いくらでも働けそうな若者は受け入れられたであろう。彼らが救貧の対象になる可能性は低い

からである。

1.2　労役院審査法（1723年）

　老人や身体障害者など，働くのが事実上困難な人たちは救済する。働く能力があるのに，仕事がなくて，働けないものはどうするか。この問題に対して，まず労役院での救済という方式が採用された。労役院という「院」内での救済という原則が確立したのは，1723年のいわゆる労役院審査法（Workhouse Test Act）である。

　定住権が発生している貧民に働く場を提供するために，労役院が設置された。労役院での労働を拒否する者には救済を拒否するという形で，鞭打ちではなく，個人の自由意志を装う労働の強制が行われるようになった。もちろん，19世紀まで労働者に対する鞭打ちはあったし，労役院では日常的に鞭がふるわれていたとさえいわれる。子供に対する処し方と，労働者に対する処し方には似ている点があり，19世紀まで子供の教育に鞭打ちは欠かせなかった。

　労役院で救済された窮民の子は徒弟奉公に出ることになった。徒弟として受け入れない親方には罰金を課した。

　労役院の大きさは，もっとも大きいもので，教区連合によって作られたリヴァプール労役院で，1,200人を収容できたが，もっとも小さいものは2〜3人しか収容できなかった。労役院の数はロンドンがもっとも多くて，18世紀初頭には48労役院に4,000人が収容されていた。

1.3　ギルバート法（1782年）

　産業革命の開始とともに，救貧制度も変化を見せるようになった。

　1782年のいわゆるギルバート法は法の作成者である下院議員のトマス・ギルバート（Thomas Gilbert：1720〜1798）の名をとった通称である。

　この法律は，まず，救貧業務を効果的に実現するために，素人の管理をやめて，専任の有給官吏を配置した。救貧業務が専門化された。それまでの救貧行

政は，労役院の経営者のように窮民の労働成果を収入源とすることも多かった。それまで官職は給与ではなく，職を得ていた。裁判官であれば，裁判官の給与があるのではなく，その職に付属する裁判の手数料や罰金を官職から得られる収入としていた。その常識が覆った。官職を有給化することで，近代的な「公」が生まれることになった。公務からは賄賂はとってはいけない。

ギルバート法では労役院を廃止して，救貧院とした。ここには働く能力のない窮民を収容する。老人や身体障害者や寡婦や子どもたちは救貧院に入る。しかし，働ける者には住居は提供しない。

働ける窮民の賃金が生計費に足りない場合には，賃金補助手当を支給する。賃金補助という意味での院外救済は，家賃手当，穀物支給，医療補助などの形で，17世紀から存在していた。

ちなみに，1802年の調査で，1,000万人ほどのイギリスの総人口のうち，救貧の対象となったものは，その1割の約100万人であり，そのうち30万人は15歳未満の子供であった。救済対象となった者のうち，9割が院外で救済され，救貧院居住者はわずかに8%であった。

1.4　スピーナムランド法（1795年）

ギルバート法によって始まった院外救済の手法が，スピーナムランド法で整理された。労働者を餓死させるのは許されない。しかし，怠け者を救済すると，まじめに働いている人が労働の意欲をなくしてしまう。その限界点はどこにあるのか。

スピーナムランド法は，生活費の下限をパンの価格で決めることにした。物価があまり変動しない時代には，生活費は推測できた。スピーナムランド法が制定された背景にフランス革命があったという説がある。フランス革命によって，物価が高騰し，労働者はそれまでの賃金では生活できなくなったのに，賃金は上げてもらえなかった。バークシャのスピーナムランド村の治安判事が協議して，新しい方式を生み出した。まずパンの価格を下に生活費を算出し，次

に，生活費がそれに達しない場合には，差額分を補助するというものである。

まじめに働いている労働者はこの制度によって命をながらえた。しかし，不真面目な経営者は賃金を救貧税負担にして，賃金補助に頼ることにした。自分が払うべき賃金を下げて，少しでも自分の収入を増やそうとした。働かなくても生きていけることがわかると，怠惰な生活を送る人が生まれる。

1.5 新救貧法（1834年）

産業革命後の，1834年，新救貧法が制定された。この法律で，結婚していないと宿泊施設も職場も手に入らなくなった。19世紀半ばには，未婚者は最後の雇用者，最初の貧困者とさえいわれるようになった。自分を守るために，結婚を早める必要が法制度的に強要された。

旧救貧法では教区が老齢者の生活を支えていた。1834年の新救貧法では子供が親を養うのが強制されるようになった。老親の生活を子供が面倒をみる。その結果，子供は親の扶養義務から逃れようと，よそに移住したり，扶養義務をめぐって兄弟の間で対立が生じるようになった。親の方も子供に世話されて，子供への負い目を感じるより，教区からの手当てを望んでいた。

新救貧法で，家族の平均的規模が増大した。夫婦と子供だけの家族という意味での核家族が減少し，老親を抱えて，貧民の家族は孤立化していった。

救済の額は劣等処遇の原則が適用された。これは，自立して働いている人のうち，もっとも貧しい人の賃金水準以下で救済するものである。それ以上の金額を補助すると，低賃金労働者は働く意欲を失うであろう。ちなみに，当時，イギリスでは最低賃金は法律で決められていなかった。

2 貧民と経済思想

貧民には3つの特徴があるといわれる。賃外所得，強度の余暇選好性，労働の自立性である。貧民は共同体の中で生きていたが，しだいに市場に投げ出さ

れるようになった。外国市場向けの職業では，商品の市場が開拓できれば，好景気になり，労働者が雇用され，そこで戦争が始まれば，市場が閉ざされて，失業した。

2.1 怠惰な貧民

　18世紀までの多くの経済学者は貧民が怠惰（idle）であると主張した。本当に怠惰であるとした場合，その理由はどこにあるのか。

　当時の労働者・貧民は自分の生活が成り立てば，それ以上を望まなかった。高額な賃金・収入を求めようとする者は，その時点で，すでに貧民ではない。

　物価の下落や賃金の上昇につれて，労働者は労働時間を短縮した。貧民は高賃金になると，たとえば1週間のうち2日の収入で生活できれば，あとの5日を遊んで過ごそうとした。労働者は高賃金より余暇を選好した。逆に，低賃金になると，生活ができなくなるので，働き始めた。

　当時の貧民には，賃金以外の所得があった場合も多い。農村の貧民は数エーカーの土地の収穫物や，日雇い労働の収入で生活を立てていた。入会地で得られる山菜や木材，共同耕地上での落ち穂拾いで穀物を手にすることもできた。落穂拾いは主として寡婦とその子供に対する社会保障のようなものであった。畜糞を拾ってきて，燃料として利用した。生活は質素で，小屋の中で家畜と一緒に生活した農民もいた。労働者は自分の菜園等から，多くの生活必需品を調達した。あるいは，隣人と生産物を交換して，助け合っていた。賃外所得で暮らす労働者は，雇い主のために熱心には働かないので，雇用者から見ると，怠惰にみえた。

　18世紀までの労働者は経営者の意思を尊重したとしても，特に熟練工の場合は，自分の道具を使って，自分の判断で労働していた。中には，聖月曜日を満喫する者も出てきた。日曜日に飲みすぎたり，遊びすぎて，月曜日は仕事にならなかった。このような労働者の生活態度は労働の自立性と表現される。労働の自立性を否定するためにも，経営者は機械を導入した。

賃外所得，余暇選好，労働の自立性などをひとまとめにして，当時の論客は労働者の怠惰と表現した。

2.2 農村の奉公人

　農事奉公人は農業年雇とも訳される。奉公人は 1562 年の法律に基づいて設置された法定市で毎年雇われた。ここで雇用されない者は，窮民になるかもしれない。雇用関係の成立が貧民を生みだす大きな要因であった。

　農事奉公人の制度は 17 世紀頃に本格化すると見られている。奉公人は 19 世紀半ばには，イギリスの南部や東部では少なくなっていた。1780 年頃から奉公人制度の衰退が始まった。その原因は，日雇い労働のほうが低賃金で雇えること，農企業家の夫人たちが奉公人とは一緒に住めないと主張し始めたこと，年雇の場合は定住権が発生して，救貧税の負担が過重になるので，農業経営者たちが日雇いや週雇いの労働者を雇用するようになったこと，などが考えられる。年雇の奉公人から日雇い労働者への転換が始まった。

　17～18 世紀の平均的な農民はまず，奉公人として，その生涯を始めた。奉公人は普通 1 年単位で雇用され，その期間が終われば，新しい雇い主のもとに行くことができた。奉公人は女性の場合は家事使用人であったり，家畜の世話をしたりしたが，男性の場合は農作業に従事して，農業技術の知識を身につけ，農業経営方法を学んだ。奉公人は 14 歳から 21 歳を中心とした。彼らは農家に住み込んで，技術を学びながら，わずかの小遣い程度の賃金をもらって，独立・結婚するための資金を稼いだ。

　ある推計では 15 歳から 24 歳までの人口の 6 割が奉公人であったという。そして，結婚すると，雇い主の家には住み込めないので，奉公人をやめなければならない。結婚して奉公人をやめる際には，独立の世帯をもつのが通例であった。また，独立しても，大多数の農民は日雇いか週雇いの労働者となった。

　初婚年令は徐々に低下して，イギリス南部では，17 世紀後半から 19 世紀前半にかけて，女子の結婚年令は平均で，26.5 歳から 23.4 歳に低下した。男子

も同様で，平均で，27.8歳から25.3歳に低下した。

2.3　犯罪と戦争

　18世紀には雇い主の扱いがひどくて，逃亡する奉公人は少なくなかった。逆に，病気・盗み癖，性的逸脱を口実として，解雇される場合もあった。失業した者は浮浪者や犯罪者になるか，私生児を出産して，救貧税の世話になるか，兵卒として入隊するか，あるいは，イギリスを出ていった。

　18世紀のイギリスの兵士は志願兵制度と強制徴募とからなっていた。7年戦争（1756〜63）の際には7割ほどが強制徴募であった。兵員の募集はたいてい強制徴募隊が行った。若者は港で酒を飲まされて，半ば誘拐されるようにして軍隊に入った。

　戦争が始まるとイギリスは戦場と軍需産業に大量の貧民を送りこんだ。7年戦争中の1759年には，ロンドンに浮浪者がいなくて，兵士を集めることができなかった。逆に，平和の到来はイギリスをパニック状態に陥れた。戦争による精神障害も加えて，もと浮浪者が大量に帰国した。

　アメリカはイギリスの社会問題を処理するために，徹底的に利用された。合衆国の独立後は，アメリカの役割をオーストラリアのニュー・サウス・ウェールズ植民地が担うことになる。

参 考 文 献

ジョイス＝M. エリス（松塚俊三・小西恵美・三時眞貴子訳）『長い18世紀のイギリス都市：1680-1840』法政大学出版局，2008年
米山秀『近世イギリス家族史』ミネルヴァ書房，2008年
川北稔『民衆の大英帝国：近世イギリス社会とアメリカ移民』岩波書店，1990年
林達『重商主義と産業革命』学文社，1989年
湯村武人『16-19世紀の英仏農村における農業年雇の研究』九州大学出版会，1984年

第19章 農業革命と議会垣区

1 輪栽式農法

　18世紀から19世紀にかけて，産業革命とほぼ同時進行するかのように，イギリスの農業も改良された。これは「農業革命」と表現された。農業革命は農業技術の改善と農地改革とからなっている。

　農業技術の改善はいわゆるノーフォク四輪栽式農法によって実現された。輪栽式農法は個人主義的な農業を基礎にしている。他方，農地改革は農地の囲い込みをさす。農地を囲い込み，土地の所有権を明確にする。その際，たいてい垣（石垣，生垣など）で囲われるので，以下では，「囲い込み」を「垣区」とも表現するが，意味はほぼ同じである。

1.1　農業改良技術者

　18世紀のイギリスの農業革命に関しては，農業技術を改良した人も大きく取り上げられる。カブの栽培に欠かせない中耕作業を機械化することに貢献したジェスロ・タル（Jethro Tull：1674～1741）もその一人である。タルは条播機や馬力中耕機を開発した。タルが馬力中耕作業を喧伝してから半世紀ほど，タルの技術はあまり普及しなかった。

　ロバート・ベイクウェル（Robert Bakewell：1725～1795）は家畜の品種改良に貢献した。彼は1760年に440エーカーほどの土地を相続して，牛・羊・馬

の改良に取り組むようになった。彼は特定のオスがどのような効果を子孫に与えるのかを観察して，育種改良に取り組んだ。

1.2 作物の種類

　16世紀頃から，イギリスには徐々に新作物と表現される作物が導入された。主に，輪栽式農法で利用されるカブ，クローバー，イガマメ，ムラサキウマゴヤシなどを意味する。

　17世紀後半から栽培牧草が普及し始めた。マメ科のイガマメ，クローバーやイネ科のホソムギなどが有名である。人為的にタネをまいて栽培された牧草を栽培牧草と表現する。栽培牧草は冬季飼料の増大に貢献した。中世には多くの家畜が秋に屠殺されて，塩漬けにされていたが，栽培牧草の増大で，家畜を屠殺する必要性は少なくなった。

　マメ科植物は根粒菌という細菌がまるでコブのように根に付着する。細菌は空中の窒素ガスを取り込んで，アンモニアなどの窒素化合物を製造する。そのため，マメ科の牧草を耕地に植えるだけで，窒素肥料の投下と同じ効果が生まれる。飼料（牧草）の増産は家畜頭数を増加させ，多くの家畜（糞）と根粒菌が肥料の増大に貢献し，穀物が増産されるという農業生産にとって良い因果関係が形成された。

　輪栽式農法に欠かせないのは根菜類である。菜園では根菜類が栽培されていたが，それを，穀物しか栽培されないはずの耕地で栽培するという発想が新しかった。根菜類の中で，もっとも重要なのはカブである。カブは飼料の中ではもっとも滋養分に乏しく，その普及もマメ科植物などと比較すると緩慢であった。カブ導入の利点として，以下のものが考えられる。

　カブは軽い砂質土壌で耕地の輪作体系に柔軟性を与えた。冬の間直接，耕地上で羊の飼料として役立った。羊が耕地でカブの葉を食べ，耕地に羊糞を供給した。カブは穀物より深く根をはるので，カブを耕地でつぶして，肥料にするという手もあった。深耕と同じ効果をカブで得た。カブは列状に栽培して，中

耕することで，雑草の被害を少なくすることができた。

1.3　中部から東部へ

　栽培牧草とカブの導入はイングランドの農業地図をぬりかえた。中世を通じて，イングランドの穀倉地帯は中部地方（Midlands）であった。ここで三圃式農法や古典荘園制が展開した。それに対して，栽培牧草とカブの導入に成功したイースト・アングリアは，中世においては，むしろ生産性が低くて，中には，不毛の砂地といわれるような場所もあった。

　カブは有機質を含んだ水はけのよい耕土に適した作物である。イースト・アングリアは砂質地が多く，カブの栽培に適した土地が多かったのに対して，中部地方は湿った重い耕土が多く，カブ栽培にはあまり適していなかった。家畜と肥料が増産できたイースト・アングリア，特にノーフォクは穀物生産を増加させた。

　中部地方は穀物栽培でノーフォクとの競争に負けて，中には，牧畜へ比重を移した地域もあった。中部地方は三圃式農法が主であり，共同体が残存していたので，三圃式農法に輪栽式農法を取り入れるときには，耕圃を4つ，5つに増加させたこともあった。歴史上，従来の形式が破壊されるときに，しばしば見られるのが，このような量的な増大である。

1.4　輪栽式農法の一例

　クク家では18世紀前半に輪栽式農法が導入された。ホーカムのクク（Coke of Holkham）と通称されているレスター伯（Thomas William Coke, Earl of Leisester：1754〜1842）は1776年から農業改良を進めた。

　クク家の農業改良は21年間の借地契約書に従って，借地農が実施した。1751年の契約では，6輪栽式農法が規定された。穀物―穀物―カブ―穀物―牧草―牧草。18世紀を通じて，ククの所領では6輪栽か5輪栽式の農法が展開されていた。この農法は地力の維持を第一の目的としていた。1801年には，

麦類2連作禁止が明確にされた。1817年には有名なノーフォク4輪栽式農法が規定された。たとえば，4年で一巡する形で，カブ（可能な限り，耕地上で羊の飼料）→大麦（牧草と混作）→牧草（干し草か，牛・羊の放牧）→麦類（小麦）と規定された。

1810年代になると，ナタネの油粕の利用が始まった。1840年代，クク家で4輪栽式農法が完成を見た時，グアノや過燐酸肥料なども利用されるようになった。肥料を多く投下し，地力を上げて，穀物が増産されるようになった。1846年の穀物法の廃止以降に発展した農業は，高度集約農業（high farming）と呼ばれている。資本主義的農業が始まった。

2　囲い込み運動

囲い込み運動は農地の改革であり，人間の社会的関係の一つの大きな変化であった。社会問題化した垣区は2つあった。一つは16世紀頃の垣区で，国王は垣区を禁止した。もう一つが18世紀頃の垣区で，議会の法に従って囲い込みが実施されたので，議会囲い込みと呼ばれる。

2.1　垣区の割合

垣区（enclosure）という用語は単に囲い込むという事柄以上のことは意味していない。囲い込まれた土地は私有地になることもあれば，一時的に囲い込まれたにすぎない場合もある。領主や地主など，村落の有力者によって囲い込まれて，村民の一部が離村せざるを得なくなるような，社会問題化する囲い込みもあれば，村民全員に支持される囲い込みもある。その違いをあまり問題にしないで，垣区の割合を見ておく。

中世において，すでに垣区となっている農地は半数近い。16世紀の第一次垣区はわずかに農地の2％という推計がある。17世紀に農民による小垣区が実施されたと見られているが，それが農地の4分の1を占めている。そして，残

り4分の1に近い割合の農地が議会囲い込みの対象となった。

2.2　第一次垣区

　人文主義者のトーマス・モア（Thomas More：1478～1535）は『ユートピア』（1516）という本で，窃盗が多い一つの原因として垣区運動を批判した。人々が生活できなくなって，窃盗に走る原因は，

> 「イギリスの羊です。以前は大変おとなしい，小食の動物だったそうですが，この頃では，……人間さえもさかんに喰殺しているとのことです。……高価な羊毛がとれるというところがありますと，……修道院長までが，……百姓たちの耕作地をとりあげてしまい，牧場としてすっかり囲ってしまうからです。」（トマス・モア（平井正穂訳）『ユートピア』岩波文庫，1957年，pp. 26-27。）

　モアの怒りは続く。詐欺奸計，脅し，卑劣な策動などなど，あらゆる手を使って，自分の利益のために農民を犠牲にする領主を，モアは非難した。

2.3　第一次垣区の実際

　第一次垣区の面積も多くは小保有地に関するもので，平均で30～60エーカーであった。1517年には1,090村のうち，1,000エーカー以上の垣区は1村だけであったのに対して，100エーカー以下は747件（68.5％）であった。この傾向は16世紀の間，あまり変動はなかったようである。

　王室は第一次垣区を認めなかった。1489年以降，垣区禁止法は11回公布された。1517年5月，大法官トマス・ウルジ（Thomas Wolsey：1471頃～1530）が各州の有力者に，1488年以後のすべての垣区の調査を命じた。その報告書では，慣習的土地保有農の土地が奪われ，村が荒廃したが，謄本保有農が土地を奪われたという事例は稀であった。

この第一次垣区はおそらく穀草式農法の導入で、異なる扱いを受けるようになった。1552年には、垣区と同一面積の土地を耕作すれば、垣区の責を免れた。1597年法では地力回復のために耕作地を一時牧場に転換するのは合法とされた。

第一次垣区から第二次垣区の間の期間には、小垣区が盛んだった。その多くは、農民たちが協定で囲い込んだもののようである。

2.4 第二次垣区の地域と時期

第二次垣区（議会の法による垣区）は1730年頃から徐々に実施され、産業革命とほぼ同時期の1760年代から1830年代にもっとも多く実施された。

第二次垣区も、中世において三圃式農法が展開した、肥沃な中部地方で実施された。北部、南部地域では農地ではなく、荒れ地の垣区が多かった。

2.5 第二次垣区と生産性

囲い込み実施の原因として、共同耕地制度の不生産性も考えられる。垣区で開放耕地の15～30％の収益増になったという推計もあるが、垣区ではほとんど農業生産は増大しないで、地代だけ増収になったという推計もある。

垣区によって、分散していた土地を一つにまとめて、集約的な農業を展開できるようになった。実際、垣区をうまく実施できなくて、耕地の交換分合に失敗したときには、もう一度、垣区が実施された例もある。

2.6 垣区と公的・私的費用

垣区の公的費用には、法案提出のための費用として、地元での会合費、法案作成費、議会費用、測量士たちに支払う報酬・経費などがあり、さらに、垣区の施設費として、新道や乗馬道などの道路建設費、営農費（牧草の播種）等があった。測量士は年々の収穫量を記録して、地力もはかった。小土地所有者の垣区の平均の公的費用はエーカー当たり3ポンドであった。

私的費用は主に割当地の柵代であり，農業改良に必要な費用全般は個々の農民が負担した。垣区後の土地改良に必要な費用をいれると，負担は2～4倍に増えた。個人の割当地にかかる費用を負担できないときには，費用が土地の売却でまかなわれた場合もあった。垣区の手続きの最中か，その直後に売却された例が多かった。ナポレオン戦争後の農業所得の低下期には，小自作農は危機的な情況に置かれた。

　工業労働者の賃金は農業労働者の賃金より高かったし，都市のほうが魅力があった。垣区でそれ以前より多くの農場労働者が求められるようになったが，あまり労賃の向上には貢献しなかったようである。

参 考 文 献

重富公生『イギリス議会エンクロージャー研究』勁草書房，1999年
ターナー（重富公生訳）『エンクロージャー』慶應通信，1987年
椎名重明『近代的土地所有：その歴史と理論』東京大学出版会，1973年
椎名重明『イギリス産業革命期の農業構造』御茶の水書房，1962年

第20章 イギリス東インド会社

1 東インド会社の誕生

　東インド会社は3つの異なる時期を持ちこたえた。第1期は1600年の東インド会社の誕生からイギリス市民革命の時代で，香辛料交易に従事し，独占批判にさらされた時代である。第2期は王政復古から産業革命の開始までの時代で，茶の交易に従事し，インドに深く関与するようになった時代である。第3期はイギリスが自由貿易を推進した時代で，1858年に解散させられるまで，徐々に東インド会社の意義がなくなり，イギリス政府がインドの植民地化に大きく関与するようになった時代である。

1.1 東インド会社誕生まで

　世界市場を目指すようになったイギリスでは，まず情報の収集が行われた。ハクルート（Richard Hakluyt：1552～1616）が航海者の記録に興味を抱いて，1589年に『イギリス国民の主要航海記』としてまとめた。

　16世紀末，オランダが東インドに出航して，多くの利益を得ているという情報がイギリスに入ってきた。1600年秋，ロンドン市長の主催でオランダへの対抗法が話し合われ，1600年12月31日，会社設立の特許状が与えられた。これによって，東インドと貿易するロンドン商人たちの会社，略して東インド会社が設立された。その初代総裁にはサー・トーマス・スミスがなった。

東インド会社は特許状で次の点が確認された。1）植民や征服ではなく，交易事業にのみ従事する。2）合本会社形式にする。3）地金は輸出できる。4）株主の総会の選挙で総裁や役員が決定される。

1.2　第一回航海

1601年2月，最初の会社の船4隻がロンドンを出航した。その際の出資金は約6.8万ポンドで，輸出された商品は約2万ポンドの地金と約7千ポンドのその他の交易品であった。交易品としてイギリスの紡毛織物，鉛，錫のほか，象牙，鉄，珊瑚，水銀などが輸出された。

船隊は1602年10月にスマトラに到着し，翌1603年9月，コショウを約103万ポンド（重）持ち帰った。当時のイギリスのコショウ消費量は25万ポンド（重）ほどであった。コショウ価格は暴落した。

1.3　合本事業

東インド会社は合本（joint stock）で運営されていた。1601～1612年は個別航海の時代と表現され，一つの航海毎に投資する合本事業であった。航海が終われば，清算されて，利益が分配された。

1613年に数年間の合本による航海が始まった。当初の合本（第1次合本：1613～1623年）はわずか4年の合本であった。第2次合本（1617～1632年），第3次合本（1631～1642年）がそれに続いた。

合本毎に会社は経済的に清算されても，制度上は一つの組織として続き，24人の理事組織が解体されることなく，日々の業務を取り締まった。

1.4　投資

投資は東インド会社がまず投資を募ることから始まった。投資家がそれに応じると，その名前と投資金額が申込書に記録された。それに従って，商品の買い付けや船舶の手配が実施されたであろう。そして，投資家たちは実際に資金

を払い込むように促された。申し込みをしても，なかなか出資金を払い込まなかった投資家もいた。

1.5 経営方針

　東インド会社では効率のいい郵便制度で，情報の伝達が速やかに行われた。通信の記録だけでなく，航海の記録・帳簿，理事会の議事録などの記録管理もしっかりしていて，今でも手にすることができる記録が多く残っている。

　東インド会社はロンドンの中心に本社を置いた。当初は1621年まで，総裁のサー・トーマス・スミスの家を利用した。波止場や倉庫も本社の近くにおかれ，インドに向けて出航する船のマストを本社から見ることもできた。

1.6 地金の輸出

　東インド会社は特別に地金(じがね)を輸出する許可を得ていた。東洋はヨーロッパの製品をあまり欲しがらないし，銀の価値はヨーロッパの3～4倍で取引できた。そのため，商品と地金の割合は1633年には2：5の割合となり，地金の輸出のほうが多くなった。

1.7 商館

　アジア各地に商館が設置され，その責任を負う駐在員が寄港地に導入された。駐在員は船が到着したとき，迅速に商取引できるように整えた。駐在員を配置することで，イギリスとの間の二国間交易ではなく，現地の地域間の交易にも参加できる体制が整えられた。

1.8 国内政治

　1604年の下院の自由貿易委員会以来，東インド会社に与えられたアジア交易独占権に対する批判はやまなかった。会社の独占はロンドン以外の商人による，東方貿易への参入を制限した。

1621年と1624年の下院の討論で，東インド会社の銀輸出が国内の貨幣不足を引き起こしていると批判された。東インド会社のために，トーマス・マン（Thomas Mun：1571～1641）は新たな経済学説を生み出した。確かに東インド会社はアジアに銀を輸出していると，マンは事実を認めた。しかし，東インド会社はアジアの物産を再輸出して，英国全体の利益を生み出し，また，会社の活動によって，造船，食料供給，銀行，保険などの活動を生み出していると主張した。マンの計算では，東方への10万ポンドの銀の輸出で，約50万ポンドの粗利益が得られた。

1.9 革命期の東インド会社

1657年，クロムウェルはロンドン東インド会社に特許状を発行したようであるが，今は残っていない。イギリス東インド会社は永続的な会社組織となった。合本を清算するという形での利益の分配（元本と利益の還元）はやめ，利潤部分のみを株主に分ける配当制を採用した。

2 東インド会社の発展

1660～80年代の東インド会社の拡大はクロムウェルの特許状で築かれたといわれている。王政復古後，1660年代の法律で会社員の有限責任制が確立し，株式は小額の売買自由な証券となった。

2.1 配当制と資産

東インド会社への投資は王政復古後，年率で，20％以上の配当を引き出した。一年毎に決算が報告されるようになった。東インド会社の総裁であったサー・ジョサイア・チャイルド（Sir Josiah Child：1630～1699）は筆頭株主にもなり，1691年4月に約5万ポンドの東インド会社の株を保有した。彼は株式取引が行われていたコーヒーハウスに偽りの情報を流して，内部者取引でも儲け

た。

　1717年に東インド会社の資産は約320万ポンドであったが，南海会社は約1,000万ポンド，イングランド銀行は約550万ポンド，王立アフリカ会社は45万ポンドであった。

2.2　東インド会社専用商船

　1657年の特許状が授与されてから，会社は自社による造船と船舶所有をやめ，東インド会社専用商船（East Indiamen）を雇う政策に切り替えた。これで，費用が切り詰められ，保険市場が誕生した。

　1660〜88年に，少なくとも20隻の専用船が一時点で稼働していて，404回の往復交易がなされた。造船業者も東インド会社の利害関係者になり，建造船は東インド会社に賃貸された。

2.3　東インド会社の取扱商品（紅茶）

　1664〜78年に，輸入品中，コショウは15〜30％，絹と綿が60〜70％を占めた。18世紀にはコショウは7％以下になった。東インド会社は1669年から茶を輸入するようになった。1713年から正式に広東から輸入されるようになり，18世紀後半には茶が中国貿易の80％を占めるようになった。

　茶は健康飲料として薦められ，小さな碗皿を用いて，日に50杯も飲む人まで現れた。1706年には東インド会社に勤めていたトーマス・トワイニングがコーヒーハウスで良質の紅茶を提供するようになった。

2.4　競売

　茶も織物も，1660年以降はまず保税倉庫に入れられた。商品の競売は東インド会社社屋でなされることが多く，1インチのロウソクが燃えつきるまでに競売された。競売は前もって公示され，誰でも参加できた。保税倉庫の商品が卸売業者に販売されるのは，徴税に便利であった。

2.5 インドにおける東インド会社

イギリスに午後の紅茶の習慣を紹介したポルトガルのカタリーナ王女とチャールズ2世が結婚した際，その持参金として，1661年に北アフリカのタンジールとインドのボンベイが贈られた。チャールズは1668年にボンベイを年10ポンドの地代で東インド会社に譲った。

18世紀初期に，まだ東インド会社の公的活動がベンガル湾であまり見られなかったとき，英国へのアジア製品の輸入の60％はベンガルからのものであった。1717年，ムガール皇帝は関税を免除して，ベンガルでの交易を許可した。この勅令は3,000ルピーで与えられたもので，会社のマグナ・カルタとして言及されている。東インド会社はこれで，他のヨーロッパ勢力より有利となった。

2.6 東インド会社商人への道

東インド会社では，ロンドンの理事の一人からの指名を受け，500ポンドの保証金を払うことで行政事務の担当が認められた。認められれば，被雇用者は書記か徒弟として，多くは16～19才で，東洋に出かけた。5年後，代理商に昇進し，その3年後，初級商人，さらに3年後，上級商人となった。

給与だけでも十分に生活できたが，彼らは私貿易にも従事した。インド在住社員はインドで現金と交換に会社の手形を受けとり，それをロンドン本社で換金する，という形式で，手形振出，送金を行っていた。

2.7 初期のイギリスの軍事力

1688～91年にムガール皇帝アウラングゼーブ（在位1658～1707）の拡大主義のため，皇帝が地方のヒンドゥー支配者と衝突したとき，イギリスはムガール帝国を敵とした。これは交易を防衛するためであった，という解釈がなされてきたが，軍事技術の点で優位にたてなかったので，イギリスは負けた。屈辱的な詫びをいれ，皇帝に1.5万ポンドを支払った。

2.8 インドの植民地化の開始

1757年のプラッシーの戦いに勝利して，東インド会社はインドの植民地化を開始した。1765年には，東インド会社はディワーニー（徴税・財政の権限）を獲得した。これは，ベンガル，ビハール，オリッサの3州に対するものである。これで，地税として，165万ポンドが東インド会社の収入に追加された。1740年代に東インド会社の売上げは200万ポンド前後であった。

イギリスは1773年にアヘンの専売権を獲得し，1779年にアヘン製造独占権を獲得した。ケシの栽培は認可制にし，アヘンの精製・販売を独占的に取り扱った。ケシの花に子房ができると，それを傷つけて，汁をとる。その汁が精製されるとアヘンとなる。アヘンは茶の対価として中国に輸出された。

2.9 ネイボブたちとピットのインド法

ネイボブ（インド成金）は徐々に下院の議席を獲得した。1765年に4人であったが，1774年には13人，1783年には18人になった。1783年には東インド会社関係の議員が27人もいた。

1784年8月13日，ピットのインド法が通過した。これで政府・議会の監督・統制が強化され，インドの二重統治体制が生み出された。東インド会社と英国政府がインドを統治することになった。

2.10 貿易の自由化

インド貿易と中国茶貿易の独占は1813年と1833年に廃止され，東インド会社の交易独占権は消滅した。1833年以後，東インド会社の重要な収入源はアヘンとなった。インド農民に前貸し金を与えて，アヘン栽培に従事させ，これを買い占めて，広東に売り出す。これが東インド会社の全収入の12％を占めるようになった。その結果，中国では1840～1842年にアヘン戦争が勃発し，インドでは1857～59年にインド大反乱が生じた。

中国は18世紀には，茶貿易で対イギリス貿易が黒字であったが，アヘンの

大量流入によって,赤字に転落した。アヘンを買うため銀がイギリスに流出し,中国国内では銀価格が高騰した。これが実質的な増税となり,民衆はアヘン中毒者のために,清朝に多額の税金を払わざるを得なくなった。

2.11 産業革命とアヘン

インドへの英国綿製品の輸出の増大で,1814年に,イギリスの貿易は黒字となった。綿布輸出に占めるインドの割合は,18％(1840年)から30％(1860年)に増加し,1873年以降は40％をこえた。インド市場は英国綿業の救世主であり,安全弁として役立った。インドはランカシャの生命線となった。

300番手の綿糸さえ手で紡いでいたといわれるダッカの人口は,18世紀末の15万人から,1840年頃の2万人へと激減した。

2.12 東インド会社の終末

アヘン戦争の結果,1842年に南京条約が結ばれ,中国はイギリスに譲歩した。中国へのアヘンの輸入は1880年頃にピークに達した。イギリスは同じ頃,自国の労働者のために,アヘンを輸入した。

1857年のインド大反乱の結果,反乱の責任は東インド会社にあるとして,東インド会社の解散が命じられたが,東インド会社自体は配当の支払いなどの残務処理で,1874年まで存続した。

参 考 文 献

羽田正『東インド会社とアジアの海』(興亡の世界史15)講談社,2007年
浜渦哲雄『世界最強の商社』日本経済評論社,2001年
茂木虎雄『イギリス東インド会社会計史論』大東文化大学経営研究所,1994年
浅田實『東インド会社:巨大商業資本の盛衰』講談社現代新書,1989年
角山栄『茶の世界史』中公新書,1980年

第21章 大西洋奴隷貿易

1 大西洋奴隷貿易の全体像

　16世紀から19世紀まで，スペイン，ポルトガル，イギリス，フランス，ネーデルラント，デンマーク，スウェーデン，ブランデンブルク（プロイセン），アメリカ，ブラジルなどの商人がアフリカの黒人を奴隷として購入し，それを西インド，すなわち，南北アメリカ大陸とカリブ海諸島で販売した貿易を大西洋奴隷貿易（Atlantic Slave Trade）という。黒人奴隷は西インドで砂糖，綿花，タバコ，米，カカオ，コーヒーなどの商品作物栽培に従事した。

1.1　奴隷の数

　1500年から1800年の間に，100万人から200万人ほどのヨーロッパ人がアメリカ大陸に，多くは自由意志で移住した。同じ頃（16〜19世紀），少なく見積もる研究者で1,000万人弱，多く見積もる研究者で1,500万人以上のアフリカ人が強制的に輸送され，西インドに上陸した。

1.2　中間航路

　中間航路という言葉は，大西洋奴隷貿易をヨーロッパ，アフリカ，アメリカ間の三角貿易と考えたときの，中間という意味であり，アフリカからアメリカに黒人奴隷が輸出される航路をさす。中間航路での奴隷の死亡率は平均して

15％ほどであった。これはヨーロッパの船員の死亡率とそれほどかわらない。船員も奴隷ほどではなかったとしても，労働環境はあまりよくなかった。

1.3　年代別・国別奴隷輸出

　1670年代まではアフリカからアメリカへの奴隷の輸出は平均して，年に1万人をこえることはなかった。1670年代から急増して，18世紀の最初の25年で平均4万人近く，ピークの18世紀後半には年平均7万人をこえた。

　16〜19世紀に取り扱った奴隷数はポルトガル・ブラジル船が全体の46％，次にイギリス船が28％強，フランス船が13％強であった。ブラジルの奴隷はコンゴ・アンゴラ出身者が多かったのに対して，西インド諸島向けの英・仏の奴隷貿易ではベニン湾やビアフラ湾の黒人奴隷が多かった。

　北アメリカ植民地（アメリカ合衆国）は全部で36万人，割合にして，大西洋奴隷貿易総数の4％弱にすぎなかった。北アメリカ植民地には，まず西インド諸島に到着して，数年の使役ののち，輸入された奴隷も多くいた。

1.4　ジョブソンの黄金交易

　イギリスは当初アフリカに黄金を求めた。1618年に設立されたギニア会社の交易のうち，1620〜21年に実施されたジョブソン（Richard Jobson）の黄金交易はよく引用される。ジョブソンはガンビア川の内陸部との交易を試みた。下記引用文中，「彼」は現地の黒人商人であり，「私」はジョブソンである。

> その日，彼は呑み過ぎて，とても気分が悪く，取引は始めたくないと言って，……黒人女性は，奴隷であり，買わないかと言ったので，私は答えた。我々はそのような品々を商うような国民ではなく，互いに，あるいは，自分と同じ形のものを，売り買いはしない。……翌朝，土曜日，水辺に小屋をたて……た。これが立会所である。取引を始める際に，価格を調整し，他のものの価値を決める主要な商品は何かと尋ねた。彼らは織物の一つを

示し，塩が欲しいと答えた。

出典）Richard Jobson,（David P. Gamble and P. E. H. Hair ed.）, *The Discovery of River Gambra*（1623）, The Hakluty Society 3rd ser., 1999, p. 140.

ガンビア川上流域には貨幣（硬貨）はなかった。その地方の誰もがその価値を熟知している商品が売買当事者の合意を得て，価値基準＝貨幣となった。

2 イギリス大西洋奴隷貿易の発展

市民革命後，ロンドン商人が王立アフリカ会社を組織して，奴隷貿易を開始した。その後，その独占権が開放されてからは，ブリストル商人やリヴァプール商人が奴隷貿易に参入した。

2.1 王立アフリカ会社の設立

1660年の王政復古後，ギニア会社が再組織された。会員として，ルパート王子やヨーク公（のちのジェームズ2世）も参加した。その目的は金鉱探しであった。1663年，3年毎の貨幣での配当の規定が設けられた。

第二次英蘭戦争（1665～1667）が勃発した原因の一つに，この王立会社とオランダ西インド会社の対抗関係があった。戦争開始の前年，1664年9月にヨーク公が派遣した艦隊がニューアムステルダムを攻撃し，ここをニューヨークとした。イギリスは戦争に負けたが，この占領は戦後の条約で追認された。

会社は1672年に王立アフリカ会社として改組され，本格的な大西洋奴隷貿易が開始された。最初の20年間は年利7％弱の配当があった。1698年，10％の関税支払いで，アフリカ交易が個人商人に開放された。さらに，1712年には，この法規定が失効して，アフリカ交易は自由となった。

2.2 委託販売システム

　砂糖は当初，商人や積み荷監督人が現地で直接購入していた。しかし，17世紀末には，委託販売システムが一般的な取引方法となった。プランターが砂糖をイギリス在住の商人に出荷し，その販売を委託した。委託代理商は砂糖の委託販売，輸送・保険の手配，関税・輸送費の支払代行，積み荷の保管を行い，帰り荷として，プランターの注文品を手配し，信用貸しや手形引受を行って，商取引の全般を引き受けるようになった。

　1740年～1775年にロンドンには172人の砂糖代理商が92の商会を組んで，活躍していた。その半数ほどは西インド諸島出身者であった。

2.3 リヴァプール奴隷商

　イギリスの場合，三角貿易ではなく，ロンドン商人を中心に有力な代理商が，イギリスと西インド諸島との往復交易で多くの砂糖を輸入した。

　18世紀半ば，リヴァプール船籍の奴隷船の多くは為替手形を得て，バラスト（脚荷），または綿花・藍・ログウッドを積んで，帰国した。奴隷商は砂糖の輸入ではなく，むしろ，早く3地点を回ることで，奴隷船の資金の回転を早めるか，リヴァプールの後背地で売れる商品の購入を選択した。

2.4 西インド諸島の不在地主制

　ジャマイカで砂糖プランテーションを開発した第一世代と異なり，第二・第三世代になると，成功者の多くはイギリスに帰国するようになった。西インド諸島はたいてい不在地主制となった。

　18世紀後半に，ジャマイカ最大の地主であったウィリアム・ベックフォード（William Beckford：1709～1770）は2度，ロンドン市長にもなった。ベックフォード自身はジャマイカで生まれたが，1723年にイギリスに帰国し，教育を受けた。1754年にはロンドン市選出の下院議員となった。中産階級の意識を持つベックフォードは自由の旗手として有名であったウィルクス（John

Wilkes：1725～1797) を支持した。

2.5 ダホメ王国

　奴隷貿易にはアフリカ人も積極的な参加者となった。現在のベナン共和国の海岸地帯にダホメ王国があった。ダホメは1625年頃には王国として成立していたが，強大になるのは，1727年にウィダを攻撃した時からであった。ウィダはポルトガルが奴隷貿易の基地として利用していて，18世紀にはイギリス商人やブラジル商人もここで奴隷交易に従事した。

　ダホメは宝貝を貨幣として用いた国としても有名である。西アフリカの宝貝はインド西南沖のモルディブ諸島からダホメまで運ばれていた。

3　イギリス大西洋奴隷貿易の終焉

　イギリスは1807年に大西洋奴隷貿易を廃止する法律を制定し，1815年にナポレオン戦争が終わったあと，ヨーロッパ各国に奴隷貿易の廃止を求めた。

　イギリス領の西インド植民地で奴隷制が廃止されたのは1834年である。アメリカ合衆国では1863年に奴隷解放宣言がだされ，最後に残ったブラジルでも1888年に奴隷制が廃止された。

3.1　奴隷貿易の廃止のための法廷闘争

　グランヴィル・シャープ (Granville Sharp：1735～1813) がまず奴隷貿易廃止運動の父としての活躍を開始した。シャープは法廷闘争で活躍した。

　1771年，ヴァージニアから奴隷として運ばれてきたジェームズ・サマセットが逃亡した。サマセットの所有者が彼を見つけ出したあと，ジャマイカに売ろうとした。ヴァージニアの法律はイギリスに適用されないし，イギリスは奴隷制を認めていないと，シャープは主張した。1756年以来，英国の最高裁にあたる王座裁判所の主席裁判官であった判事のマンスフィールド卿 (William

Murray：1705～1793）は，奴隷制を認める法律がイギリスにないのであれば，自由な国であるイギリスではこの奴隷は解放されるという趣旨の判決を下した。その結果，英国内の奴隷の多くは解放されたが，大半は西インドに売却された。

3.2　奴隷貿易の廃止とフリータウン

　シャープは解放された黒人をアフリカに帰還させて，自由な生活を保障しようと考えた。それを実現するために，1786年，「シエラ・レオネ計画」が始まった。シエラ・レオネのフリータウンに解放黒人奴隷を帰還させようというものである。この計画は挫折しかかったが，銀行家のヘンリー・ソーントン（Henry Thornton：1760～1815）が後押しして，1808年に国王に権限が移譲されるまで，ソーントンがその運営にあたった。

3.3　奴隷貿易廃止協会

　1787年5月，ロンドンの奴隷貿易廃止協会が設立された。この廃止協会の委員会メンバー12人中9人がクエーカー教徒であった。しかし，国教会に属する3人が活躍した。グランヴィル・シャープとウィルバーフォース（William Wilberforce：1759～1833），そして，トマス・クラークソン（Thomas Clarkson：1760～1846）である。クラークソンは1785年に，ケンブリッジ大学のラテン語の懸賞論文に投稿して，受賞した。懸賞論文の題は「その意思に反して他者を奴隷にできるか」というものであった。この懸賞はおそらく奴隷船のゾング号事件に触発されて出されたものである。

　ゾング号事件はリヴァプールの有力な奴隷商人同士の事件であった。ゾング号107トンはグレグソン家が投資したものである。グレグソン家はリヴァプールで1，2を争う有名な奴隷商であった。ゾング号には保険もかけられた。保険を請け負った者も奴隷商である。1781年，ゾング号が470人ほどの奴隷を運び，大西洋を横断したが，途中で体が弱って，売り物にならなくなった132

人の奴隷は海に投げ捨てられた。水が不足して，そのままでは他の奴隷も死ぬ可能性があったと船長は主張した。それは保険で担保されるべき海損であるという主張である。判事のマンスフィールド卿は奴隷の事件は馬が海に投げ込まれるのと同じであるが，海損にはあたらないとして，この事件を差し戻した。グランヴィル・シャープはこれを殺人事件であると告発した。

3.4　奴隷貿易廃止運動

　1788年から施行されたドルベン法で，イギリス船が積載できる奴隷数は，積載量200トンまでは1トン当たり約1.6人に制限された。しかし，1789年にフランスでは革命が生じ，1791年の夏にはサン・ドマング島の奴隷反乱が頂点に達した。このフランスの動きは英国の廃止運動に逆効果となり，奴隷貿易廃止派は暴力革命の推進者と同じとみなされ，約10年間，廃止運動は下火となった。

　1804年，ナポレオンが皇帝となり，サン・ドマング島では黒人によるハイチ共和国が生まれた。その頃から，情況は好転した。1807年，奴隷貿易廃止法が可決された。以降，イギリスは各国と条約を結んで，奴隷貿易の廃止に向けて，活動を開始した。

3.5　奴隷制度の廃止

　産業革命後，砂糖産業はあまり利益を得られない産業になった。1833年，イギリス領での奴隷制廃止法が制定された。プランターたちは奴隷制廃止による被害者の顔を演じきった。プランターは総額2,000万ポンドの奴隷解放の補償金を手にした。その半分以上は不在地主や債権者として，ロンドンやリヴァプール等の西インド利害関係者に支払われた。

　奴隷は解放された。黒人には何の補償もなかった。黒人はまずは徒弟として，ほとんど奴隷のように働かされた。

参 考 文 献

浜忠雄『ハイチの栄光と苦難：世界初の黒人共和国の行方』刀水書房，2007年
楊枝嗣朗『近代初期イギリス金融革命：為替手形・多角的決済システム・商人資本』
　　ミネルヴァ書房，2004年
川北稔『砂糖の世界史』岩波書店，1996年
池本幸三・布留川正博・下山晃『近代世界と奴隷制』人文書院，1995年
S. W. ミンツ（川北稔・和田光弘訳）『甘さと権力』平凡社，1991年
E. ウィリアムズ（中山毅訳）『資本主義と奴隷制』理論社，1978年

第22章 綿織物工業の産業革命

1 産業革命

イギリスの産業革命（Industrial Revolution）の時期は諸説あるが，1780年代から1820年頃までと理解しておく。産業革命がイギリスで始まった原因として，技術開発，国内市場創出，商業革命など，さまざまな側面が考慮されてきた。

商業革命を重視する場合，輸入代替工業化を重く見る見方もある。織物産業の場合，中世において，羊毛輸出・毛織物輸入国であったイギリスは15世紀頃から毛織物輸出国になり，産業の基盤を整え，17～18世紀のインドからの綿織物輸入にかえて，産業革命で綿織物を輸出する工業国になった。

1.1 産業革命と大学

産業革命初期のイギリスの科学は「スコットランドの理論とバーミンガムの実践」の結合で躍進したといわれる。蒸気機関の開発で有名なジェームズ・ワット（James Watt：1736～1819）はスコットランド人である。経済学もグラスゴー大学のアダム・スミスの『国富論』(1776) から始まった。ワットは徒弟として訓練を受けなかったので，グラスゴーのギルド会員になれなかった。1757年，ワットはグラスゴー大学の技術職を与えられたが，これにはスミスの後押しがあったようである。

1.2　エネルギー利用

　中世の段階では，エネルギーは人力や畜力といった生物エネルギーの利用を基本とした。その他に，水車と風車が自然のエネルギーの利用を可能としていた。水車も風車も運動エネルギーを人間の利用しやすい別の運動エネルギーに伝えるだけであった。しかし，銃は火薬の熱エネルギーを銃弾の運動エネルギーに変換する道具として，新たな可能性を秘めていた。

　産業革命のエネルギー利用で際立っているのが，熱エネルギーと運動エネルギーの変換である。17世紀に大気圧が発見された。エンジンの原型はフランス人，パパン（Denis Papin：1647～1712頃）が1690年に作ったピストン型の蒸気機関である。

1.3　新しい発想法

　工場では原材料が投入され，商品が生産された。数学の関数的発想になじんだ社会関係が生まれた。資本の投資で，利潤が生み出される。中世では人間の行動が神の法や道徳への一致を求められたように，近代では合理的なモデルにあわせて，行動を律することが求められる。

　産業革命時代の技術革新で，単位あたりの生産性は増大したかもしれない。中世において共同体的生活の最適化が試みられたように，産業革命後は企業経営や個人生活の最適化が試みられるようになった。

1.4　産業地域

　地域的には，中世以来，貧しかった地方であるミッドランド西部が製鉄業で，ヨークシャのウェスト・ライディングが新毛織物で，ランカシャが綿織物業で工業化を達成した。

　ロンドン周辺と比較すると，イギリス史上19世紀だけは，これらイギリスの北部・北西部地方の人口が増大した。

2 綿織物の産業革命

アジアは遅くとも中世には綿織物が普及していた。ヨーロッパでは毛織物もあり，薄手の織物としては亜麻織物（linen）があったので，綿織物の普及は遅れた。ヨーロッパ全体でみると，14世紀までに，まずイタリアから南ドイツに綿工業が確立していった。綿工業といっても，亜麻織物が基本で，それに羊毛，綿，絹が組み合わされるのが基本であった。

綿工業は新毛織物工業（new draperies）の一つであり，16世紀にネーデルラントからの移民が，イギリス東部のイースト・アングリアにもたらしたものである。彼等はノリッジに定住して，ファスティアン工業を確立した。ファスティアンは亜麻糸と綿糸の交ぜ織である。当時，材料の綿花はレヴァントから輸入された。16世紀末に，ファスティアンはランカシャに到達して，紡毛織物を追放しはじめた。

2.1 ロンドンの影響

17世紀に綿工業を助けたのは，ブラックウェル・ホール（Blackwell Hall）と呼ばれたロンドンの織物市場であり，それを必要としたロンドン市場の膨張であった。ロンドンの綿織物の売り手はランカシャの出身者が多かった。

キャラコ捺染業（calico-printing）は1675年までにロンドンで確立した。その頃，東インド会社はヨーロッパ向け商品としてキャラコに目をつけ，ヨーロッパ人の嗜好に合わせて捺染したキャラコをインドから大量に輸入した。

2.2 キャラコ問題

キャラコはインド産の安物の綿布である。キャラコは亜麻織物（リネン）と比較して，品質は同じで，価格が安い織物として登場した。東インド会社はまず，重役たちの社交場である宮廷で，インド綿布に対する嗜好をあおった。王室御用達，あるいは，貴婦人に流行しているという権威は，中産階級以下の国

民には大きな刺激となった。

インド産キャラコは，当時のヨーロッパの綿工業では真似ができないほど精巧な綿織物で，しかも，インドの低賃金労働による生産物であったため，キャラコはイギリスの梳毛織物や絹織物と競合した。キャラコ輸入に対する批判は1680年代に始まり，1690年代に盛んになり，1720年頃まで展開された。

2.3 キャラコ禁止法

論争の結果，1700年にキャラコ輸入禁止法が下院を通過した。この法律では再輸出品は除外されたので，東インド会社は大陸に再輸出するためのキャラコは輸入できた。さらに，国内で捺染業が展開していたので，白地のキャラコもこの法律の対象外とされた。1712年には東インド会社はインド綿に匹敵するだけの捺染が，イギリスで半額でできると考えた。

1718年に梳毛織物と絹織物が不況になったとき，製造業者達は再びキャラコの販売・使用・着用禁止を議会に請願した。1720年に，キャラコ使用禁止法が可決された。これらの法律は1774年に廃止された。

2.4 ファスティアン工業

17～18世紀のファスティアン工業は家内工業であった。初めはランカシャでファスティアンを織布し，ロンドンで漂白・捺染・販売された。ロンドンと取引関係にあったマンチェスターやその周辺の商人が前貸問屋となり，マンチェスター付近の住民の半数以上が何らかの織物工業で働いた。

綿はいろいろな用途に向いた，柔軟で吸湿性に優れた繊維である。毛織物の機械化は困難であったが，綿織物は機械化になじみ，色柄も捺染しやすかった。18世紀半ばまでにランカシャ南東部で綿工業が広まっていた。この頃は，まだ，イギリス人の紡績技術は未熟で，インド人ほど，細くて強い糸を紡ぐことはできなかった。

2.5 ジェニー紡績機

紡績業の機械化はジェニー紡績機から始まった。これはハーグリーヴズ (James Hargreaves：1720～1778) が1764年に発明した機械である。これは8本の糸を同時に紡げるようにした。ランカシャの紡績業者はハーグリーヴズを追い出して，特許問題を解決した。1788年ごろに2万台も普及した。

ジェニー紡績機は糸を細くできたが，弱かったため，横糸にのみ用いられた。

2.6 水力紡績機

アークライト (Richard Arkwright：1732～1792) が1768年に発明した水力紡績機は，労働者が機械の監視人となり，動力機の導入が不可避となる，最初の発明となった。アークライトは繊維を引き伸ばす際に，ローラーを利用した。アークライトの水力紡績機で経糸用の強い糸を生産できた。これで，ファスティアンに代わって，純綿の綿織物の大量生産が可能になった。

1781年に，アークライトの特許に対する異議申立てが認められた。以降，紡績工場の建設が進み，1788年に水力紡績機を設置した3～4階建ての工場が全国で200をこえた。この規模になると，建設費用は3,000ポンドほど必要となった。伝統的な毛織物工場の縮絨作業場の場合の建設費は100～200ポンドほどであった。キャラコの捺染工場の多くは2,000ポンド以内で建設できた。これ以降，設備投資が経営の成功のためには，重要な判断材料になる。

2.7 ミュール紡績機

クロンプトン (Samuel Crompton：1753～1827) が1779年にミュール紡績機を発明した。これはジェニー紡績機と水力紡績機の良いところを組み合わせた。これで，細く強い綿糸を大量に生産できるようになった。クロンプトンが特許をとらなかったので，ミュールは急速に普及した。

ミュールの操作には，高賃金の熟練技術を有する成人男性が必要であった。

1811年には，ミュールの紡錘数は全紡錘数の90％を占めるまでに普及した。工業規模の拡大はロバーツ（Richard Roberts：1789～1864）の自動ミュール紡績機（1820年代の発明）の普及に伴うもので，1830年代から始まった。

2.8 綿紡績機械の普及

1822年にマンチェスターの工場は平均で，100～200人ほどの労働者を雇っていた。1833年には平均400人の労働者が雇われた。固定資本の投資額は19世紀初めに労働者1人あたり10ポンドであったが，1830年には100ポンドになった。新型の自動ミュール機工場の場合，紡錘4万錘で建設費用が8万ポンドほどかかるようになった。

綿糸の太さをはかる単位として番手がある。これは1ポンド（約453.6グラム）の綿花から840ヤード（約767.8メートル）の糸が何本作れるかを表したものである。1本しか作れなかったら，1番手である。手紡績では16～20番手の細い綿糸は作るのがほとんど不可能であるといわれた。ジェニーは20番手，アークライトは60番手，ミュールは80番手，そして，18世紀末には，300番手の細糸も作れるようになった。機械は生産性だけでなく，人間の緻密さをこえることができた。

2.9 飛梭

紡績機の改良によって，綿糸の供給が増大した。その結果，手織工の黄金時代が出現し，手織工に対する前貸問屋制が広範に普及した。

ジョン・ケイ（John Kay：1704～1764/1780）が1733年に飛梭を発明して，織布の生産性が倍増した。ケイは梭に車をつけて，両端に梭箱を設置した。梭に引き綱をつけて，職工は座ったまま，引き綱を引くことで，梭を右から左へ，左から右へ飛ばすことができるようになった。

ケイの発明はその地域の織工にとって脅威であったようで，ケイが自分たちの職を奪うとして，非難した。飛梭を利用したものは，使用料を払わなかっ

た。

2.10　力織機

　エドマンド・カートライト（Edmund Cartwright：1743〜1823）は1785年に力織機を発明し，特許を取得した。1789年にワットの蒸気機関を応用することに成功した。この段階で織工たちの反感を買って，焼き討ちにあったが，力織機はまだ手織の技術に対抗できるほどには育っていなかった。

　力織機は動力を利用して，1人の織工が何台もの織機を同時に運転できるようにしたものである。自動ミュールを完成させたロバーツは1822年に鉄製の力織機を完成させて，特許を獲得した。カートライトは不遇のうちに世を去ったが，ロバーツは19世紀のもっとも重要な機械技術者という名声と富を得た。

　1780〜1820年は手織工の黄金時代であるといわれた。しかし，1823〜1825年と1832〜1834年の投資ブームの時期に力織機も普及し，1830年代に手織工は没落した。

2.11　その他の綿業の技術改良

　1793年に合衆国のイーライ・ホイットニー（Eli Whitney：1765〜1825）が綿繰機を発明した。1日あたりの綿繰能力は手作業の場合，1人1〜2ポンド（重）しか綿を繰り出せなかったが，機械の導入で600〜900ポンド（重）に増加した。合衆国南部での栽培に適した短繊維の陸地綿の綿繰作業は困難を極めていたので，この機械の導入で綿作奴隷制プランテーションが内陸部に拡大した。合衆国南部の奴隷制は拡大した。

　1801年頃にフランスのジャカール（Joseph Marie Jacquard：1752〜1834）がジャカード織機を発明し，1804年に特許を取得した。この織機は，意匠図にしたがって，紋紙と呼ばれる長方形のカードに穴があけられていて，その穴が経糸や横糸を制御することで，織物に図柄を織り込むものである。このパンチカード方式はのちにコンピュータにも応用されるようになった。

第4部　商業革命時代の経済・社会

参 考 文 献

パット・ハドソン（大倉正雄訳）『産業革命』未來社, 1999年
剣持一巳『イギリス産業革命史の旅』日本評論社, 1993年
S. D. チャップマン（佐村明知訳）『産業革命のなかの綿工業』晃洋書房, 1990年
T. S. アシュトン『産業革命』岩波文庫, 1973年

第23章 技術革新としての産業革命

1 製鉄業の産業革命

　16世紀にイギリスの製鉄業は木炭を燃料としていたが，建築，造船などとともに，製鉄業が木材資源を乱用した結果，森林が枯渇し，17世紀には生産が停滞してしまった。しかし，18世紀初頭，コールブルックデールのA. ダービー（Abraham Darby Ⅰ：1678～1717）によってコークス製鉄法が開発され，燃料不足の隘路が徐々に切り開かれた。この技術革新では銑鉄1トンの生産に石炭10トンが必要とされたので，製鉄所は炭田に近接して建設されるようになった。

　イギリスの森林面積は17世紀末にすでに国土の16%であったと推定されている。1666年9月の大火で，ロンドンは市の5分の4を焼失したが，その時，木造建築が禁止され，レンガ・石造りに改められた。燃料や建築材としての木材の役割は，17世紀の間に低下した。

1.1 製鉄業の諸工程

　製鉄業には，鉄鉱石から銑鉄を作る工程である製鉄と，銑鉄から鍛鉄・錬鉄・棒鉄や鋼を作る工程である製鋼がある。製銑工程は溶鉱炉（通称，高炉）を用いる。銑鉄は多量の炭素を含んでいる。そのため銑鉄は硬いが，もろく，鋳物材料として使用される。製鋼工程を経て，炭素濃度2%以下の鋼になる

と，鉄はしなやかになり，形を保つ力を増す。

中国では紀元前の時代から，鋳鉄を精錬して脱炭し，錬鉄に変える技術を持っていた。他の地域で見られた鉄鉱石→錬鉄という直接法に対し，中国では鉄鉱石→鋳鉄→錬鉄という二段階法（間接法）が発展した。西欧ではこの過程は高炉の誕生から始まる。

1.2　燃料と鉄

鉄工業と同様に，熱源として木材・木炭に頼っていた産業は多い。ガラス製造業，銅や真鍮の精錬業，製塩業，染色業，醸造業，砂糖精製業などがそれである。木材や木炭の需要が増大して，イギリスの森は縮小した。

英国の鉄の生産量は1620年代をピークに，18世紀まで徐々に減少した。フランス等でも，熱源としての木炭が入手できなくて，高炉は隔年でしか稼動できないときもあった。

1.3　鉄の輸入

1730年代に，英国の鉄消費の60％は外国産の鉄が満たしていた。

輸入鉄に占めるスウェーデン産鉄の割合は，1750年まで75％，50年代に66％，60年代はじめに56％，60年代末に43.5％，70〜99年に30〜42％と，徐々に減少した。1750年代からアメリカ産銑鉄の輸入関税が撤廃されたが，アメリカからの輸入は少なくて，ロシア産が増大し，1765年には最大の輸入国となり，ピーク時には3万トンをこえた。

1.4　石炭の利用

18世紀初め，コールブルックデールのA. ダービーと，同名のダービー2世（Abraham Darby Ⅱ：1711〜1763）がコークス高炉を開発した。コークスを本格的に利用できるようになるのに，その後，半世紀ほどが費やされた。ダービー家の改良は銑鉄工程での改良であり，高炉に鉄鉱石とコークスを入れて，銑鉄

を取り出す技術の開発である。

ダービー1世はバーミンガムの麦芽製造業者の下で徒弟奉公をした。麦芽の製造には鋳鉄製品が利用されていた。ビールの熱源としてコークスも利用されるようになっていた。ダービー2世は1750年頃，コークス高炉で錬鉄用原料としての銑鉄の製造に成功した。同名のダービー3世（Abraham Darby Ⅲ：1750～1791）は1779年にセバーン川に世界最初の鋳鉄製の鉄橋を建造した。

18世紀末には，イギリスで生産される大部分の銑鉄はコークス銑鉄となった。十分強力な送風が溶鉱炉で得られるようになったのは，1775年頃，ボールトンとワットが能率的な蒸気機関を開発してからである。

1790年には8万トンの銑鉄がコークスで製造され，木炭を利用した鉄は英国全体の銑鉄の10％にすぎなくなった。

1.5 錬鉄工程での技術革新

1784年，ヘンリ・コート（Henry Cort：1740～1800）がパドル法を発明した。パドルは攪拌するという意味で，銑鉄を攪拌して，空気の脱炭作用で，銑鉄を錬鉄に変えた。1784年の特許は，石炭で加熱した反射炉に銑鉄を入れて，溶解し，反射炉の中で攪拌して，錬鉄の塊を得るというものであった。

コートの発明はコークス銑鉄を錬鉄に変える最良の方法として，普及した。コートはロンドンで海軍関連の業務に従事していて，コートの改良は軍事用の良質な鉄鋼を作るために行われた。

1.6 技術革新の成果

製鉄業は従来は，水が流れ，木炭が産出する場所に分散立地し，小規模であった。技術革新で，鉄鉱石と石炭の産出する地域に集中するようになり，製鉄業は大規模化した。

1830年のイギリス銑鉄生産量，67.8万トンのうち，南ウェールズが27.8万トン（41％），スタッフォードシャが21.3（31％），スコットランドが3.8（6％）

であった。

2 機械工業の産業革命

機械技術はルネサンス期に開花し，産業革命で飛躍した。ルネサンス期に，新たな軍事技術を開発した技術者たちがいた。その中で，もっとも有名な技術者がレオナルド・ダ・ヴィンチ（Leonardo da Vinci：1452～1519）であり，その新技術をラテン語でインゲニウム（ingenium：engine の語源）といった。エンジニアは本来，軍事技術者を意味した。

2.1 オートマトン

最初は道具が機械を生み，次に機械で機械が作れるようになった。ニワトリが卵を産んだ。近代社会が開始する頃に，もっとも機械らしい機械はオートマトン（automaton：自動機械）であった。

中国で 1092 年，蘇頌の水運儀象台が作成されたように，西欧でも，13 世紀末に機械時計が製作された。16 世紀には南ドイツやフランスなどに時計工のギルドが結成され，時計が大量に生産されるようになった。機械時計は近代科学の思考法に大きな影響を与え，17 世紀半ばのデカルトやホッブズは世界を機械時計（オートマトン）として理解しようとした。

1685 年にルイ 14 世がナントの王令を廃止した。商工業者にはユグノーが多く，多数の時計工がイギリスに亡命した。当時，時計は分業や交換可能な部品製造，専門機械（送り台，ねじ切り旋盤，自動旋盤）の生みの親となっていて，時計の生産には当時の最先端技術が凝縮されていた。

2.2 精密時計

1735 年，ジョン・ハリソン（John Harrison：1693～1776）がクロノメーターの製作に成功し，1761 年に完成した第 4 号機はジャマイカまでの航海で時計

第23章 技術革新としての産業革命

精度5秒の誤差を達成した。これは，1714年にイギリスの経度委員会が西インド諸島までの航海の経度誤差30分以内の測定法の開発者に2万ポンドの賞金を与えると発表したのに応じて，ハリソンが開発したものである。

2.3 歯車式の計算機

ケンブリッジ大学のルーカス講座の教授で，数学者のバベッジ（Charles Babbage：1792～1871）が開発を試みた計算機である差分機関と解析機関は歯車を利用した機械である。これは実際に動くことはなかったが，その設計図に基づいて，1991年にロンドンの科学博物館が実物を作成した。

バベッジがこのような計算機の発明にとりかかった理由は，大洋を横断する航海には対数を用いた計算が必要となり，そのために精確な対数表が必要とされたが，計算のミスや印刷のミスで信頼に足りる対数表が利用できなかったからであったといわれる。

バベッジの計算機の動きを解説したラヴレース伯爵夫人であるエイダ・バイロン（Augusta Ada Byron：1815～1852）は最初のプログラマーと評されている。1977～1983年にアメリカの国防省のために開発され，現在も一部で利用されているエイダというプログラミング言語はラヴレース伯爵夫人の名をとったものである。

2.4 工作機械

機械部品を作る機械である工作機械は，現代も，旋盤，中ぐり盤，フライス盤，研削盤などとして，利用されている。工作機械は正確な規準を導入して，部品の交換を可能にし，大量生産を可能にするために必要なものであり，機械の中の機械である。

産業革命時代の最初の工作機械は1775年，ジョン・ウィルキンソン（John Wilkinson：1728～1808）の円筒中ぐり盤であった。ウィルキンソンはスタッフォードシャの製鉄業者であり，棺まで鋳鉄で作るほど鋳鉄製造に入れ込んだ。

彼はコークス高炉法を改良したり，世界最初の鉄船を製作した技術者・鉄器商であった。ウィルキンソンの中ぐり盤は当初，大砲を作るものであったが，精度が高かったので，ワットの蒸気機関のシリンダー生産に不可欠になった。

大砲の発達はのちに部品の規格化・標準化をもたらし，その設計・製作や弾道計算のために技術が数学と密接に結びつくようになっていた。しかし，産業革命時代にイギリスは，フランスの科学的な技術と異なり，まだ，経験に基づく技術で技術革新を行っていた。

2.5 規格

工作機械の父といわれるヘンリー・モーズレー (Henry Maudslay：1771～1831) は1800年にモズレー型旋盤（ねじ切り旋盤の第1号機）を作成した。これは規格にあわせてネジ山を切ることができる最初の旋盤であった。モーズレーは部品の標準化という思想を導入し，部品互換方式と大量生産の先駆者になった。

1805年にモーズレーはマイクロメーターという計測器を作った。これは1万分の1インチの精度ではかることができる道具である。その後，その精度は改良された。モーズレーの弟子の一人であるウィットワース (Sir Joseph Whitworth：1803～1887) は1841年にネジ山の角度を55度に定める形で，ネジ山の規格化を実現した。鉄道会社はこの規格を取り入れて，のちに，これが英国の標準となった。

2.6 互換性部品

互換性部品の考え方を前面に押し出したのは，ホイットニーであった。彼は1798年にアメリカ政府とマスケット銃の契約を結んだ。この契約では，2年間に1万丁のマスケット銃を供給することになっていた。ホイットニーは製作工具を用いて，部品を規格化して，小銃の生産に互換方式を確立した。それでも小銃の供給は困難を極めて，政府への供給はようやく1809年に果たされた。

小銃が互換性部品で作られていれば，技術者を戦場に連れて行かなくても，部品の交換で銃を修繕できる。

2.7　動力機の製造

　動力機の発明は炭鉱の排水ポンプの改良から始まった。ニューコメン（Thomas Newcomen：1663〜1729）が実用的な蒸気機関を発明し，1712年に，その第1号の鉱山排水ポンプが炭鉱で初めて稼働した。彼の気圧機関は燃料を多く必要とした。1時間に25kg以上の石炭が必要とされた。この石炭は捨てるものでもよかったので，費用はほとんどかからなかった。ニューコメンの蒸気機関は熱を力にかえる最初の実践的機関であり，鉱山で水を汲み上げるために使われた。

　ニューコメンの蒸気機関はイギリスでは，ウィリアム・リー（William Lee：1563頃〜1614）が1589年に靴下編み機を発明して以来の大発明であったと言われる。その蒸気機関は異業種の職人たちがチームを組んで，製作することができるものであった。

2.8　ワットの蒸気機関

　1765年にワットは分離凝縮機を用いた機関の着想を得た。キャロン製鉄のジョン・ローバックがこれを援助して，1769年にその特許をとった。しかし，1773年にローバックが破産して，ワットはスコットランドを去った。

　ワットが向かったバーミンガムにはローバックから特許を譲り受けたボールトン（Matthew Boulton：1728〜1809）がいた。ワットとボールトンは提携して，ボールトン＝ワット商会が設立された。

　ワットは1782年にピストンの往復運動を回転運動に転換するのに成功した。これによって，蒸気機関が産業用動力機械として広く利用される可能性が生まれた。1782〜1800年に，揚水用の蒸気機関が162台，回転機関が316台，販売された。1784年に蒸気機関が織物業に応用されたが，製造業の動力源とし

て普及したのは 1790 年代後期からである。

参 考 文 献

オットー・マイヤー『時計じかけのヨーロッパ』平凡社，1997 年
L. T. C. ロルト『工作機械の歴史』平凡社，1989 年
バリー・トリンダー『産業革命のアルケオロジー』新評論，1986 年
大河内暁男『産業革命期経営史研究』岩波書店，1978 年
中沢護人『鋼の時代』岩波書店，1964 年

第5部　産業革命後の経済・社会

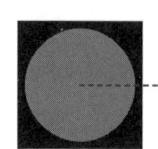

第24章

運送業の産業革命

1 道　路

　大きな流れとしては，市民革命前後に，土地所有権が明確になるにつれて，「私」と「公」が生まれてきた。道は中世では，通行できる権利といった面が強かった。しかし，17世紀後半から，入会地が誰かの所有物になったように，道も誰かの所有物になる可能性が出てきた。実際に，鉄道はそれを実現した。

1.1　法的賦役による道路整備

　16世紀半ば，イギリスでは全国的な道路の整備のために，いわゆる法的賦役制が導入された。1555年，メアリ1世（在位1553～1558）が一般幹線道路法を布告した。王の道に関して，住民は道路の維持・補修のため，1年に4日間，無償の労働奉仕をさせられた。この法は最終的に1835年の道路法で廃止されるまで，存続した。

　この道路法は次のような内容を持っていた。道路の維持・補修は教区単位で実施する。教区は4日間の道路修繕日を決定する。教区民は所有財産に応じて定められた用具を持参して，修繕作業を行う。教区民の義務不履行に対する罰金は教区裁判所と四季裁判所が決定する。罰金は教区警吏が徴収し，警吏が道路会計も担当する。その罰金は道路の修繕に用いる。そして，これらの教区道路行政の全責任を負うのが治安判事であった。

年に1週間程度の労働といえども，賦役に従事するより，金銭で処理したい人が増えて，代替金納制（commutation）も定着した。早くも，1586年に代替金納の方式が記録された。しかし，その法制度化は1766年の一般道路法を待つことになった。

1.2　有料道路の必要性

17世紀半ばには，ロンドンから地方都市への長距離馬車の定期運行も開始されるようになった。1658年には，ロンドン・エジンバラ間の定期馬車が2週間に1回運行され，片道4ポンドの料金が設定された。当時，馬車を利用した交通は，多くの人が2度と乗りたくないと思ってしまうほど，道が悪くて，難儀を強いられた。それでも全国的な人間の交流は始まっていた。

18世紀前半には1台の車に使用する馬の数，車輪の外輪の幅，荷物の重量の規制が法令となっていた。道を整備するより前に，道にあわせた輸送手段の制限が求められた。

1.3　有料道路の開始

1663年，最初のターンパイク法が成立した。ターンパイク（turnpike）は歩兵が使っていた長い槍（pike）を回す（turn）という意味である。槍のような棒で通行を遮断し，通行料が支払われたら，その棒を回して，道路の利用を許可する。ターンパイクは私的な企業家に道路建設・道路補修を可能にした有料道路である。

各地の有力者がターンパイク法を作成して，多くの有料道路が建設されるようになった。治安判事に有料道路の管理権限を付与するという形から，1710年代に，有料道路財団（Turnpike Trust）が有料道路の管理を委任される形式に変わっていった。財団の構成員は有料道路管財人と呼ばれ，数十名以上の構成員の名前が特別法に明記された。

1820年に有料道路が32,200km（道路総延長の16％ほど）となった。一つの有

料道路は 10km から 30km 程度の短いものであった。13 の幹線道路の総延長約 2,516km のうち，1730 年までに 1,444km（57.4%），1750 年までに 2,223km（88.4%）の幹線道路が有料化された。幹線道路だけでなく，幹線道路をつなぐ間道も有料化されるようになった。1750 年に有料道路は総延長 5,400km であったが，1770 年に 2.4 万 km，19 世紀第 2 四半期に 3.5 万 km に拡張された。同時に，有料道路財団の数も増加し，1770 年に 500 以上に達した。

イギリスは鉄道が普及する前，1820〜36 年に駅馬車全盛時代を迎えた。

1.4 運河の建設

1792〜94 年は運河狂時代と呼ばれ，議会が承認した運河建設資金は 600 万ポンドにのぼった。運河は農村や炭鉱地帯から都市に容積が大きい貨物や重量のある商品を輸送する手段であった。石炭，石灰石，木材，綿花，鉄鉱石，穀物が運河で大量輸送された。

18 世紀以前から改修された河川や運河は存在したが，産業用の運河として有名なものはブリッジウォーター公（Duke of Bridgewater：1736〜1803）が 1761 年に建設した運河である。これはワースリーの彼の炭坑とマンチェスターを結んだ。その年，石炭は以前の半額の運賃でマンチェスターに届けられるようになった。ブリッジウォーター公は翌年，リヴァプールとマンチェスターを結ぶ運河の建設にとりかかった。工事は難航して，破産寸前まで追い詰められながら，36 歳までにこの建設にも成功した。晩年，彼は運河の莫大な収入で暮らすことができた。

1766 年に特別法が制定され，陶芸家のウェッジウッド（Josiah Wedgwood：1730〜1795）が起工式を行った大幹線運河は完成まで約 10 年の歳月を必要とした。これは全長約 150km で，ブリッジウォーター公の運河を建設した技術者であるブリンドリ（James Brindley：1716〜1772）によって建設された。この運河はブリテン島の西岸にあるリヴァプールを流れるマージー河と，東岸にあるハルを流れるトレント河を結んだ。これで，チェシャーの製塩地帯やスタッ

フォードシャの陶業地帯が結ばれた。

　河川や運河からなるイングランドとウェールズの内陸水路は1760年に2,252kmであったが，1830年には6,240kmとなった。運河では馬1頭で50トンの石炭を運搬できた。舗装された道路でも，馬1頭では，せいぜい2トン程度の石炭しか運べなかった。

1.5　蒸気船の開発

　実用的な蒸気船を開発したのは，アメリカのフルトン（Robert Fulton：1765～1815）であった。彼は1790年代にブリッジウォーター公に会ったことがある。ブリッジウォーター公の運河では，すでに蒸気で動く船が試されていた。

　1800年にフルトンはフランスでスクリューで動くノーチラス号という潜水艦を作ったこともある。1803年にはセーヌ川をさかのぼって進む蒸気船の開発に成功した。このような技術開発を経て，1807年，ハドソン川で客を乗せて走るクラーモント号の開発に成功した。この船はワットの蒸気機関を搭載した外輪船で，400km以上離れたニューヨーク市とオールバニー市を60時間ほどで結んだ。それまでは，この2地点の往復に，1週間ほどかかっていた。

　フルトンの蒸気船開発を支援したロバート・リヴィングストン（Robert Livingston：1746～1813）はハドソン川を蒸気で航行する独占権をニューヨーク市から得ていた。リヴィングストンはアメリカの独立はまだ時期尚早と思っていたようであるが，独立宣言を書いたベンジャミン・フランクリンやトマス・ジェファソン等，5人の起草者のうちの1人であった。また，彼は1784年にはフリーメーソンの一人として，ニューヨークの大会所の初代大会所長になった人物でもある。彼が1801年から1804年にかけて，外交官としてフランスに滞在した間にフルトンと出会い，蒸気船を共同開発した。この出会いによって，フルトンはハドソン川航行の独占権を有効利用できた。

2 鉄道

　鉄道は製鉄業，炭鉱業，機械工業などの総合的生産物であり，産業革命の仕上げであった。鉄製のレールではなく，四輪車用の木製レールは16世紀の大陸の鉱山に見られた。17世紀にはイギリスの炭坑にも普及し，鉄製のレールも使用されるようになっていた。鉄の道という意味での，鉄道は炭鉱から始まった。鉄道の上を蒸気機関車が走るようになるのが，産業革命時代の物語である。

　1825年にストックトン―ダーリントン鉄道が実用化された。ここでは，スティヴンソン（George Stephenson：1781～1848）のロコモーション号が走った。時速は約20kmほどであった。商業的な成功をおさめた鉄道はここから始まる。

　しかし，蒸気機関車の開発はそれ以前から始まっていた。1769年，フランスのジョセフ・キュニョ（Nicolas Joseph Cugnot：1725～1804）がニューコメンの蒸気機関を利用して，動く蒸気機関車を初めて作った。この車はパリで試運転されたが，ひっくり返って，壊れた。

　鉄の道を走らないで，街中を走る蒸気機関車，すなわち，現在の自動車の元になる蒸気自動車はその後も開発を続けられて，19世紀の間，馬車とともに街中を走ることがあった。しかし，その重量のために道路がいたんだといわれる。イギリスでは馬を驚かせないように，1865年に赤旗法が制定された。蒸気自動車の前を赤旗をもった人が先導することになった。蒸気自動車は人間が歩く早さと同じ速度で走っていた。この赤旗法は1896年に廃止された。

2.1　鉄道と蒸気機関車の結合

　蒸気機関車を鉄道レールの上で初めて走らせたのは，リチャード・トレヴィシック（Richard Trevithick：1771～1833）であった。彼はスズ鉱山のある土地に生まれ，排水装置としてのニューコメン機関に親しんでいた。1804年，ウ

ェールズで時速7〜8kmの蒸気機関車を走らせるのに成功した。しかし，持続的な運転が難しくて，世間の注目は受けなかった。

　蒸気機関車の実用化に成功したのはスティヴンソンであった。彼が初めて作った蒸気機関車は，1814年，炭坑用のものであった。1830年にスティヴンソンのロケット号が走ったリヴァプール—マンチェスター鉄道の成功で，本格的な鉄道時代が始まった。この鉄道は主に石炭を輸送するための鉄道であり，馬に頼ることなく，創業の日から蒸気機関だけで運行した。運河と比較して，鉄道の運賃は3分の2になった。1830年開通時に，通行料はトンあたり，15シリングから10シリングに切り下げられた。

　ハスキスン（William Huskisson：1770〜1830）は議会でリヴァプール・マンチェスター鉄道法案を通過させようとした時に，運河の費用と運送日数がかかりすぎるのを問題にした。彼は1820年代に関税の引き下げや航海法の規制緩和など，自由貿易の実現に尽力した大臣の一人であった。1830年，リヴァプール・マンチェスター鉄道の開通式に出席して，事故にあい，不慮の死をとげた。

2.2　鉄道の発展

　貨物輸送も順調であったが，旅客輸送も初年度に40万人もあった。スティヴンソンは1830年に鉄道新設法案が8件，議会に提案されたとき，鉄道で国土が傷むのを嘆いて，反対した。

　他方，鉄道の成功を見た乗合馬車業者，有料道路財団，運河会社などの既得権者は一般大衆の不安をあおった。乗客はトンネルの中で窒息する。車輛の下敷きになって死んでしまう。道路や運河は通行料を払えば誰でも通過できるのに，鉄道会社は鉄の道をつくり，その上の交通を独占している。

　1836〜1837年に最初の鉄道建設ブームが生じた。1842年6月13日，ヴィクトリア女王が初めて，大西部鉄道の急行機関車に乗った。鉄道に対する大衆の偏見はこれでほぼ払拭された。1844〜1847年に鉄道建設の第2のブームが生

じた。鉄道の開設で地価が上がり，他の事業の収益が増加した。

1834年に鉄道営業キロ数は480kmにすぎなかったが，2度の建設ブームのあと，1848年末までに，全長7,300kmになり，1870年に営業マイル数は13,562マイル（約21,700km）となった。

イギリスの鉄道建設費用は平均1マイル（約1.6km）あたり4万ポンドで，アメリカやヨーロッパ大陸の3〜4倍であった。そのうちの10％〜20％の費用は土地の買収にかかった。多くは土地を購入するのではなく，地主に株券で支払われた。すなわち将来の営業利益で土地を購入した。

イギリスの鉄道の線路幅はいくつかあった。その中でも有力であったのが，スティヴンソンの1.435mとブルネルの2.135mのゲージであった。最終的にスティヴンソンのゲージが標準軌となった。

ブルネル（Marc Isambard Brunel：1769〜1849）はブリストル・ロンドン間の幹線路線の他，大西部鉄道などの支線も設置していた。大西部鉄道がチェルトナムで，スティヴンソンのゲージを使ったミッドランド鉄道とつながった時に，ブルネルのゲージが問題にされるようになった。1847年のことであった。

スピード，乗り心地などで，ブルネルの広軌は技術的に完全であったが，経済的に問題があった。議会はスティヴンソンを支持する決議を行った。1892年に，大西部鉄道は標準軌に切り替えた。その外の鉄道路線も同様で，1917年の公式調査で鉄道組織は「個の乱舞」と呼ばれた。

ゲージが標準化されていなかったため，荷馬車業者は利益を得た。大都市の両端にある終着駅を荷馬車業者が旅客や貨物を輸送した。乗り換え，積み替えのため，多くの時間が失われた。鉄道が国有化されたのは，1940年であった。

1850年の平均時速は30〜40マイル（約50〜65km/h）となった。速度と正確性が増し，商品在庫量が激減し，輸送費は半減した。鉄道も石炭輸送に貢献したが，それ以上に，レールの需要で製鉄業に貢献した。

参 考 文 献

坂井洲二『水車・風車・機関車』法政大学出版局，2006 年
フィリップ＝S＝バグウェル・ピーター＝ライス（梶本元信訳）『イギリスの交通』
　大学教育出版，2004 年
L. T. C. ロルト（高島平吾訳）『ヴィクトリアン・エンジニアリング：土木と機械の
　時代』鹿島出版会，1989 年
湯沢威『イギリス鉄道経営史』日本経済評論社，1988 年
菅建彦『英雄時代の鉄道技師たち』山海堂，1987 年

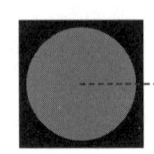

第25章
労働者の生活

1　労働者と雇用

　産業革命後，熟練労働者は機械化された工場での労働を蔑視した。「天は自ら助くるものを助く」という言葉を日本にも広めたサミュエル・スマイルズの『自助論』(1858年) のように，権威の助けを求めようとしない，いい意味での個人主義思想も現れた。

　他方，労働者の多くは，あまり教育や訓練を受けないでも働ける職場に低賃金で雇用された。彼ら，未熟練労働者 (unskilled labourer) の多くは機械にあわせて働いた。人間愛で有名なチャップリンは1936年に映画『モダンタイムズ』で，ひたすらねじ回しを繰り返す作業を強いられ，仕事が終わっても体がねじを回し続ける労働者を描いた。これが未熟練労働者の一つの典型的な姿である。

1.1　労働疎外

　アダム・スミスが称える近代の自由な賃金労働者は創意工夫に満ちて，自分の意思で思う存分働くはずであった。他者に虐げられることのない労働者は働くことに生きがいを見出すはずであった。しかし，実際には19～20世紀の未熟練労働者は，そのような人間らしく生きることのすべてを否定され，機械のように，経営者の要求通りに働くことを強制された。このような状態は「疎

外」と表現されることが多い。疎外状態に陥ると，人間は本能を尊び，労働を拒否し，楽をすることを人生の最大の目標とする。

1.2 レッセ・フェール

アダム・スミスの影響を受けた経済政策を一言で表現すると，産業革命期はレッセ・フェール（laissez faire）を求めた時代であった。このレッセ・フェールは国家の干渉を排除して，市場での自由競争を推進する政策であった。

しかし，レッセ・フェールを労働者の生活に適用すると，自由競争で生き残るために，長時間労働，低賃金婦女子労働力の増大，劣悪な労働環境の強制，平均寿命の低下など，労働を取り巻く情況の悪化が顕著となる。さらに，職場では，修業規則が作られ，労務管理が強化された。

それと同時に，大量生産・大量消費による生活水準の改善，熟練労働者の賃金上昇，都市生活環境の改善など，労働者の生活を豊かにする環境が生まれた。労働者の物欲は満たされた。

両方の力が同時進行するので，その時々により，また，研究者により，評価はもちろん，事実や数値も異なる。1849年にカーライル（Thomas Carlyle：1795〜1881）が的確に表現したように，経済学は陰鬱な科学（dismal science）となった。

1.3 未熟練労働者と工場制

19世紀半ばの平均的雇用労働者数は紡毛工場で59人，梳毛工場で170人，綿織物工場で167人であった。これは単純平均値である。中央値をとると，その半分程度であろうと考えられている。

産業革命後の新しい職場は工場制（factory system）と表現される。工場制は工場の中で機械が利用され，未熟練労働者が多数雇用されている職場を表す。

イギリスでは19世紀半ばまでに工場制が普及した業種は綿工業の紡績部門にほぼ限られていた。その他の業種では，圧倒的多数は，数人を雇う零細経営

にすぎなかった。

1.4　労働者の雇用形態

　労働者の雇用形態には，いくつかの種類があった。日雇いや臨時雇いは雇用期間が不定期であった。工場の常雇いは時間で計算され，週給・月給・不定期給で働いた。彼らは解雇される可能性があった。

　経営者は熟練労働者を雇った。その熟練労働者が未熟練労働者や徒弟を集めた。工場経営者から出来高賃金を受け取った熟練労働者は請負親方や労働親方と呼ばれ，彼らが未熟練労働者に賃金を払った。経営者─熟練労働者─未熟練労働者というつながりで，労働者は間接的に雇用された。

　労働者はしばしば家族単位で雇用された。父親が雇用されると，自動的に母親と子どもも，その職場で働くことができた。家族ぐるみ雇用では，しばしば，労賃の高い父親は失業し，母と子が生活を支えた。

　貧民の子は教区徒弟となって雇用された。教会による日曜学校も開始された。教育の現場で，集団労働や時間管理，指導層への従順さが教育され，工場で働くのにふさわしい人格と知識を持った労働者が育てられた。成人男性と比較すると，婦女子は従順で，低賃金に甘んじた。

1.5　消費単位としての労働者家族

　産業革命の頃から始まった家庭と職場の分離は1840年代以降は，ほぼ常態となり，労働者も雇用者も職場に通勤するようになった。家庭の中で生産活動が行われていた時代では，労働時間と余暇の区別がしばしば曖昧であった。産業革命後，仕事と余暇が生まれた。

　労働時間は経営者によって定められた労働内容を他の労働者と共同で実行する時間となり，余暇は労働者個人が自分を取り戻して，自由に使える時間であると理解されるようになった。19世紀後半から家族は消費単位でしかなくなり，子どもと余暇を楽しむスイート・ファミリーが理想になった。家族から生

産が失われて，経済学は家計を消費単位として扱うようになった。

1.6 生活水準論争

産業革命後，労働者の生活水準が上がったか，下がったかに関しては，2世紀にわたる論争史があるが，結論はでていない。生活水準という言葉で考慮すべきは，実質賃金，失業率，死亡率，平均寿命，平均身長，犯罪者統計，消費生活水準，健康状態，平均賃金，賃金の職業間・地域間格差，自営業と賃金労働者の種差，比較する時期などなど，考慮できる変数，考慮しなければならない変数が多すぎて，研究者の好みで，多様な結論が生じやすい。

死亡率や健康状態などを考慮すると，1790年代中頃から1840年代まで，生活水準は低下した。労働者の実質賃金は19世紀半ばに3割程度上昇したが，未熟練労働者の実質賃金は上昇しなかった。所得分配は中産階級に厚く，未熟練労働者や下層賃金労働者に薄かった。未熟練労働者の実質賃金は1830年代からあまり変化が見られなかった。

1.7 労働時間

産業革命時代には賃金が費用の7～8割を占めた職場は少なくない。機械を購入した工場経営者はコスト削減を求めて，労働時間を長くしようとした。産業革命期には労働時間は平均で1日14時間であった。

工場法の制定で労働時間は徐々に短縮された。1880年代まで労働者は日曜を除き，1日約10時間，働いた。労働運動の結果，第一次世界大戦後，8時間労働制がヨーロッパ全土で普及した。労働時間は1日8時間，1週間で48時間に制限されるようになった。

週休2日，週40時間制は1930年代に恐慌のために実現した偶然を除き，第二次世界大戦ののちに，各国で徐々に実現された。

1.8 現物給

賃金支払いは通常，貨幣支払いと現物給与が併用された。その多くはトラック制（truck system）と呼ばれ，経営者自身が直営する売店からのみ，食料や生活用品を購入できる商品券が用意された。トラック制は1831年に法律で禁止されたが，19世紀半ばでも多くの地域・職場で実施されていた。

1.9 児童労働と工場法

人道主義的な経営者の一人であるオーウェン（Robert Owen：1771～1858）の尽力で制定された1819年の工場法は，9歳未満の児童の労働を禁止した。16歳未満の労働者の労働時間も12時間に制限された。しかし，他の多くの工場主は「自由放任」を主張して，オーウェンたちの人道主義に抵抗した。

1833年法と1844年法で児童労働は6時間半に，女子と青年は12時間に制限され，最終的に，1847年法（別名，10時間労働法）が制定された。これにより，青年労働は10時間に制限された。労働時間の制限は国際競争上不利であると資本家は反対したが，結果は杞憂であった。

2 労働者と社会

18世紀までは人々は道徳経済（moral economy）の意識で生きていた。商品の価格が急騰するのは，その商品を買い占める悪徳商人がいるからだと思われていた。実際に，中世から産業革命期まで，商品を買い占める悪徳業者が物価をつりあげる張本人であると考えられた。1789年10月，フランス革命中のパリのパンよこせ運動はこのような意識での民衆の暴動の例として，よく知られている。しかし，民衆が愚かであったのではなく，司法が実際に悪徳業者を取り締まっていた。産業革命以前，商品価格は個人の意思に依存していた。

アダム・スミスの『国富論』（1776年）の影響で，多くの為政者が徐々に道徳経済ではなく，政治経済（political economy）を信じるようになった。人々

は商品価格高騰の原因は供給量が少ないためであり、悪徳業者の責任ではなく、需要と供給で価格が決まると信じるようになった。信じた人々は実際に、需要と供給だけで価格が決定される社会を作り上げた。

2.1 暴動から労働運動へ

産業革命で機械が導入されたミッドランド北部地域では、1811〜16年に、機械破壊運動（Luddite riots）が生じた。織布工は機械の導入で仕事がもらえなくなった。彼らは機械の進出で自分たちは職を奪われたと思い込み、機械を破壊すれば、職を回復できると思って、機械を打ち壊した。労働者は架空のラッド王に率いられ、各地で暴動を繰り広げた。イギリス政府は時には軍隊も導入して、暴徒を取り締まった。

同様の暴動はそれ以前から生じてはいた。アークライトの工場は1789年、約8,000人の暴徒の襲撃を受けて、焼失した。暴動に参加したのは家内工業の労働者であった。

1830年代に農村に脱穀機が導入されたときには、同様に英国南部の農村地帯で、スウィング頭領（Captain Swing）に率いられた農民たちが脱穀機を壊し、干し藁を燃やした。都市の場合も、農村の場合も、労働者は賃金労働者となり、賃金労働者になったものは徐々に労働組合を結成するようになった。

2.2 労働組合

1799年、結社禁止法が制定されて、労働者は組織を作ることができなかった。しかし、友愛団体の形で労働者は団結し、1824年には結社禁止法が廃止された。

1825年の新結社法では、賃金と労働時間についての労働組合活動のみ、合法化された。当初、労働組合は個別に活動していただけで、そのため、力が弱かった。1830年代には、労働者の全国的組織化の試みがなされた。1851年には、熟練労働者である合同機械工の組合も結成された。この全国的組織は労働

供給を独占することで，賃金，労働条件の改善を要求できた。

1864年には，国際的な労働組合組織として，第一インターナショナルが結成された。1871年，労働組合法が制定され，ようやく労働組合の法的地位が認可された。

2.3 社会改良運動

労働者の状態は議会によっても取り上げられるようになった。工場制度の普及で結核が蔓延し，青年の体位が貧相になった。工場労働者は離婚率も高かった。労働者は粗悪な住宅で暮らし，法外な家賃を支払った。彼らは煤煙と騒音に満ちた工業都市での生活を強いられた。

1832年にチャドウィックらの議会特別委員会が開催され，その結果，1834年に，新救貧法が制定された。新救貧法では，劣等処遇の原則が打ち出された。働いている労働者より，働いていない失業者がより多くの恩恵を得ることは許されない。1842年のチャドウィック報告では，マンチェスターの労働者の平均寿命が17歳，農村地帯では32歳と報告された。

2.4 労働者の社会階層

1867年に人口2,410万のイギリス人の77％が現業の労働者階級であった。そのうち15％が週給28シリングから2ポンドの，かなりの高賃金を得ていた熟練工（労働貴族層）で，50％を少し上回る数の不熟練労働者の週給は10から12シリングであった。残りは中間層を形成していた。

中世の隷農と同様に，不熟練労働者は「のんだくれ，怠け者，うそつき」であると見下された。誹謗・中傷・侮辱・見下しという精神的抑圧が，労働者を働かせるために，もっとも利用しやすかった時代であった。経営者はそのような労働者に向けて，修業規則，賞罰制度，労務管理，工場規律を導入し，労働者を育成した。

参 考 文 献

エドワード＝P. トムスン（市橋秀夫・芳賀健一訳）『イングランド労働者階級の形成』青弓社，2003 年
美馬孝人『イギリス社会政策の展開』日本経済評論社，2000 年
大沢真理『イギリス社会政策史：救貧法と福祉国家』東京大学出版会，1986 年
永田正臣（編著）『産業革命と労働者』ミネルヴァ書房，1985 年

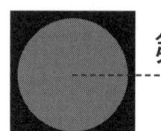

第26章
自由貿易運動

1 自由貿易運動の展開

　自由貿易運動はほぼ1820年代から高まり，40年代に一部の実現をみて，1860年に英仏通商条約として結実した。しかし，1880年前後から，帝国主義の時代が終わる第二次世界大戦まで，再び保護貿易の時代に戻った。

　D. リカード（David Ricardo：1772～1823）の比較生産費説（比較優位）には自由貿易にふさわしい論点がある。特定の2国をとった場合，生産性が比較的に高い財貨を相互に生産・交換すれば，経済資源が最適配分され，経済効率が向上し，生産量が増加し，消費水準が上がり，商品の多様化の恩恵を受ける。

1.1 自由貿易時代に関連する歴史学

　自由貿易に関連する歴史学の見方がいくつかある。1953年にギャラハーとロビンスンは自由貿易帝国主義論を唱えた。自由貿易時代に，アジア・アフリカに対して経済的な圧力はあったとしても，政治的・帝国主義的な圧力は加えられなかったと当時は考えられていた。ギャラハーたちはそれに対して，19世紀に英国は，可能であれば非公式の手段による貿易の拡大，必要であれば公式の領土併合で，英国の影響力の拡大を図ったと主張した。

　1980年代にケインとホプキンズはジェントルマン資本主義論を発表した。彼らによると，ロンバード街に集まったシティの金融業や保険業など，見えざ

る貿易を担ったジェントルマンがパックス・ブリタニカを生み出した。それまでは，工場経営から生まれる産業資本家がイギリスの世界制覇という意味でのパックス・ブリタニカを生み出したと考えられる傾向にあった。

その他，1974年に発表されたウォーラーステインの世界システム論やフランクによるその批判など，19〜20世紀の世界の理解は百花繚乱の傾向にある。

1.2　自由貿易運動の開始

イギリスは名誉革命後，歳入の90％以上を土地税，消費税，関税でまかなった。17世紀末には，土地税が税収の半分を占めたが，スペイン継承戦争以降は30％をこえることはなくなった。消費税はその逆の動きを示した。消費税はビールなどの酒類や塩，石鹸，ロウソク，針金，紙，絹などに課された。18世紀には関税が消費税の次に歳入の大きな部分を占めた。

イギリスは1870年代まで，輸入総額に対する関税収入の割合はフランスより高かったといわれる。関税をかぎりなくゼロに近づける政策を自由貿易運動であると定義すれば，イギリスはフランスに遅れをとった。それでも自由貿易運動を展開したのはイギリスであった。イギリスは対ナポレオン戦争が終わると同時に，戦時課税の一つであった所得税を廃止していた。

1841年に輸入関税は輸入価格の35％を占めるほど，その割合は高かった。その多くは砂糖，酒類，茶，コーヒー，タバコからなっていた。イギリスは1880年代までにこの関税の低減をはかった。

1.3　自由貿易政策の実現

イギリスは技術の流出を恐れて，1774年に機械輸出禁止法を制定していた。しかし，自由貿易の一環として，1825年には蒸気機関の輸出が許可制になった。1843年から，機械輸出も自由化された。マンチェスターの自由貿易論者は機械の自由な輸出で国益が損なわれると主張して，自由化政策に反対した。

ピール（Sir Robert Peel）の第2次内閣の時代（1841〜1846）に，彼の目の前

にあったのは，250万ポンドの赤字であった。貿易は沈滞状態に陥っていた。彼はまず1842年に所得税を復活させた。これは成功した。これで関税収入を減少させることが可能になった。

3回の関税改革で，1,200品目をこえる関税の廃止・低減をはかることが可能になった。西インド関係者の力も弱まっていたので，砂糖関税にも手を加えることができた。

ピールは穀物法で守られていた地主の財産も狙った。穀物法は小麦の輸入に制限を加えるもので，イギリスでは14世紀以来，何度か制定された。1815年に制定された穀物法がここで問題にされていた。穀物が一定価格以下の時には，多額の関税を賦課するというものであった。

1838年には，マンチェスターに反穀物法協会が設立された。翌年までに，これに，マンチェスターのキャラコ捺染業者のコブデンやロッチデールの織物業者ブライトらが参加して，穀物法に対する反対運動が強力に押し進められた。首相ピールはアイルランドの飢饉（1845～1849年）を救うという名目で，1846年，政治生命をかけて，穀物法の廃止を提案し，実現した。

1.4　他国の自由貿易

イギリスの自由貿易はかなりの程度，実現した。しかし，他国が追随しないと，自由貿易による国際分業は実現しない。1860年，英仏通商条約が締結された。これは締結した外相の名前をとって，コブデン・シュヴァリエ条約といわれる。これには最恵国条項が含まれていた。イギリスとフランスが互いに他の国と有利な条約を結ぶことに成功すれば，それは自動的に相手国に適用される，というものである。

1.5　アヘン戦争

自由貿易はヨーロッパ内に留まらなかった。まず，東インド会社の特権が廃止されて，1834年，中国市場が個人商人に開放された。現在，香港に本社を

もつジャーディン・マセソン・ホールディングズは，1832年，広東でジャーディン・マセソン商会として設立された。これは2人のスコットランド人，ウィリアム・ジャーディン（William Jardine：1784〜1843）とジェームズ・マセソン（Sir James Nicolas Sutherland Matheson：1796〜1878）が結成したものである。ジャーディンは1802年から東インド会社に医師として雇われていたが，マセソンと組むことで，中国から茶と絹を輸出し，インドのアヘンを密輸入する有力な商人となった。

清朝は1796年にアヘンの輸入を禁止した。それでも，アヘン購入のため銀が流出するようになり，中国では銀貨で税金を払う地丁銀制が崩壊しかけた。清朝は林則徐を派遣して，アヘンの密輸入の取締りを強化した。イギリスのアヘン商人は下院に中国との戦争を提案し，わずかな票差で戦争に対する予算が可決された。このアヘン戦争（1840〜1842）の結果，南京条約で香港がイギリスに割譲され，5港の開港が認められ，翌年には，関税自主権が放棄された。香港は1997年に中国に返還されるまで，イギリス領植民地となった。

2 資本主義と帝国主義

現代社会を表す言葉の一つに資本主義（capitalism）という単語がある。capitalは18世紀には証券（株式）を意味していた。それは特定の事業を始めるのに必要な資金であり，その生産的利用で，さらに資金の量を増大させる元手として理解される。貨幣が自己増殖を始めるとき，貨幣は資本と呼ばれる。

2.1 帝国主義と大不況

政治的に帝国主義の時代という言葉があるように，経済的に大不況（Great Depression）の時代という言葉がある。大不況は1873年の恐慌から1896年の回復までの23年間の長期的不況を意味している。

1873年にウィーン証券取引所での株価暴落と金融危機をきっかけに大不況

が始まった。自由競争による淘汰の結果，1873年までに多くの分野で少数の大企業しか残らない状態になっていた。自由競争の時代には，価格が下がれば，自動的に買い手がついてきたが，大不況以降，商品価格を下げても売れなくなった。

　フランスとイギリスは世界に投資したが，自国の産業には投資しなかった。ドイツとアメリカでは時期を得た投資によって，生産性が拡大し，イギリスの工業独占を崩壊させた。諸国は自由貿易をやめ，保護貿易と帝国主義政策を展開した。

2.2　帝国主義と事件史

　帝国主義（imperialism）という言葉は1878年に登場した。イギリスの自由党系の新聞で，保守党を批判するために，帝国主義という言葉が利用された。保守党政府はロシアに対して強行な外交政策を展開していた。ロシアはクリミア戦争（1853〜1856）や露土戦争（1877〜1878）に象徴されるように南下政策を採用し，トルコへの侵入を繰り返していた。

　アフリカの分割が1884〜1885年のベルリン会議（ベルリン＝コンゴ会議）から始まった。1870年代から南アフリカはダイヤモンドラッシュにわいた。1888年，セシル・ローズ（Cecil John Rhodes：1853〜1902）はリンポポ川以北の開発の権利を得て，この地域に進出し，ローデシアを築いた。

　イギリス，フランスは喜望峰回りより迅速にアジアに到達する道として，エジプトの通過を望んでいた。イギリスは鉄道建設で，フランスは運河建設で，それを達成しようとした。スエズ運河の建設はレセップス（Ferdinand de Lesseps：1805〜1894）が担うことになった。レセップスは1825〜49年にアレクサンドリア，カイロなどでフランスの外交にたずさわった人物である。エジプト滞在中に，彼はムハンマド・アリーとも知己を得た。レセップスは1858年にスエズ運河会社を設立した。10年の歳月をかけて，1869年にスエズ運河は完成した。開通後，スエズ運河会社はフランスとエジプトが共同で株式を保

有したが，エジプトは財政難のため，その株を売却することになった。ロスチャイルド銀行の融資を得て，イギリスの首相ディズレーリがそれを購入し，イギリス政府が運河株の48％を保有することになった。

2.3 独占企業

　大不況の時代に大企業はカルテル，トラスト，コンツェルンなどと呼ばれる企業間の協力関係を作り上げた。自由競争の結果，少数の企業が生き残って，市場の寡占化が進むと，まるで中世のギルドのように，無益な価格競争で利益を失うより，ある程度，市場を分け合ったほうがいいという判断も生まれるようになった。その結果，企業は協調行動をとって，暗黙も含めて，企業間の何らかの協定で価格を決定し，市場における競争を制限するようになった。これをカルテルという。企業はカルテルを結んで，商品価格，生産量，在庫の保有量，設備投資，販売地域などを統制した。

　コンツェルン（Konzern）は第一次世界大戦後，ドイツで発達した。もっとも有名な企業がIGファルベンである。これは1925年に染料や化学などの大企業6社が合同したもので，ナチ政府に協力して，毒ガスの生体実験も行ったとして，戦後，解体させられた。

2.4 石油産業

　トラスト（trust）は19世紀末からアメリカで発展した。1862年にロックフェラー（John Davison Rockefeller：1839〜1937）が始めた石油精製工場は，1870年に，同業数社を結合して，オハイオ・スタンダード石油となった。ロックフェラーは1882年に約40社の精製業者やパイプライン会社とトラスト契約を結んで，経営権をすべてスタンダード・オイル・トラストに集中することにした。その結果，スタンダード・オイルは全米の石油精製業の9割ほどを独占する企業となった。しかし，独占禁止法の一つで1890年に制定されたシャーマン法でスタンダード・オイルは34社に分割された。以後，トラスト方式では

なく，持株方式で，企業の連合が図られるようになった。

　第二次世界大戦後，1970年代までセブン・シスターズと呼ばれた石油メジャー7社のうち，3社，エクソン，モービル，シェブロンがスタンダード・オイル系の企業であった。残りはBP（British Petroleum），ロイヤル・ダッチ・シェル，ガルフオイル，テキサコであった。メロン財閥系のガルフオイルは1984年に，独立系のテキサコは2001年に，ともにシェブロンに吸収合併された。

2.5　自動車産業

　ダイムラー（Gottlieb Daimler：1834～1900）が1883年，ガソリンエンジンの製作に成功し，1886年には四輪ガソリン自動車を完成させた。自動車は蒸気自動車の時代から徐々にガソリン自動車の時代へと移り変わった。

　1908年にヘンリー・フォード（Henry Ford：1863～1947）がフォードT型車の生産を開始した。フォードは平均的な庶民でも乗れる自動車の開発を目指した。T型フォードは1923～25年に年産190万台をこえ，自動車の大衆化，大量生産に拍車をかけた。T型車の価格は1909年には平均的労働者の賃金の22カ月分を必要としたが，1925年には3カ月分で購入できるようになった。

　スローン（Alfred Pritchard Sloan：1875～1966）が1923年にGMの社長になると，シボレー，キャデラック，ビュイック，ポンティアックなどの価格差別と生産事業部による分権的管理組織を築きあげて，異なる階層の顧客の獲得に成功した。1930年代にはフォードを抜いて，GMが世界一の自動車会社となった。

参 考 文 献

平田雅博『イギリス帝国と世界システム』晃洋書房，2000年
アンドレ＝グンダー＝フランク（山下範久訳）『リオリエント』藤原書店，2000年
P. J. ケイン・A. G. ホプキンズ（竹内幸雄，秋田茂訳）『ジェントルマン資本主義と

大英帝国』岩波書店，1994年
I. ウォーラーステイン（川北稔訳）『近代世界システム』1，2．岩波現代選書，1981年
毛利健三『自由貿易帝国主義：イギリス産業資本の世界展開』東京大学出版会，
　　1978年

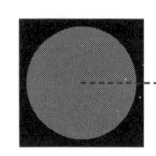

第27章 銀行業

1 金貨から信用貨幣へ

　英語の銀行（bank）はイタリア語の机（banco）に由来する。銀行にはいろいろな機能がある。貨幣の両替や振替を銀行業の中心的機能であると考えれば，銀行業は古代から存在した。この場合には，銀行は手数料で収入を得る。現代の銀行業は顧客の預金を貸し出して，他の顧客から利子を受け取り，その利子で営利活動をするものであろう。金（かね）が金（かね）を生む。これは中世では禁止されていた。

1.1 中世の利子

　中世では，営利活動で富を得ることは恥辱であるとみなされ，神学者は，時間は神に属すものであるので，利子をとって金を貸すのは神に対する冒涜であると考えた。しかし，日常的に，事実上，利子は課されていた。利子の取得に限らず，蓄財は悪であったので，大富豪は彼岸との取引に余念がなかった。遺言で莫大な財産を教会に寄進すれば，生前に悪いことをしていても，地獄に行かないですむ。

　1517年のルターの宗教改革から，この情況が変化し始めた。魂は寄進や免罪符の購入では救済されない。神への信仰によってのみ，魂は救済されると説かれると，彼岸との取引が不可能になる。利子問題は宗教から世俗の世界に，

その管轄権が移された。

1.2 銀から金へ

　1693年，ブラジルのミナス・ジェライスで金が発見された。イギリスはポルトガルと，1703年に，メシュエン条約を締結した。メシュエン条約でイギリスはポルトガルに毛織物を関税なしで輸出できるようになった。ポルトガルはフランスのワインの3分の1の関税で，ポート・ワインをイギリスに輸出できるようになった。イギリス毛織物輸出の2割がポルトガルに流れ，ポルトガルの幼稚産業であった毛織物工業は壊滅的打撃を受けた。

　毛織物とワインの貿易の結果，イギリスはポルトガルに対して，大幅な黒字となった。ポルトガルは赤字部分を金で支払った。ミナス・ジェライスの金はイギリスに輸出された。ブラジルの金生産の最盛期は1735〜1754年の20年間で年平均約16トンであった。18世紀のブラジルの金生産額は1,000トンを超えたと見られている。

　スペイン領植民地の銀の生産は，16〜17世紀の最盛期ほどではなくても，続いていた。イギリスも貿易額をのばしていた。しかし，イギリスの造幣局が鋳造した銀貨は1662〜1700年に年平均28万8千ポンド，1701〜1750年に年平均1万5千ポンド，1751〜1800年に年平均3千ポンドと，銀貨の鋳造は激減していった。

　イギリスでは銀貨（小額貨幣）は不足した。発行された銀貨自体も，鋳つぶされたり，摩耗したりして，賃金支払いや小売取引に必要な小銭が不足した。小銭の需要は外国鋳貨，偽造貨幣，代用貨幣が満たした。代用貨幣の発行者は冶金工業関係者が多かった。

1.3 南海会社の設立

　スペイン領アメリカ植民地と交易する特許会社として，南海会社が1711年に設立された。設立したのはロバート・ハーリ（Robert Harley：1661〜1724）

である．彼は1711年にオックスフォード伯に叙せられ，大蔵卿（在職1711～1714）となった．イギリスはスペイン継承戦争（1701～1713）を戦っていたが，トーリ党のハーリはフランスとの講和を望んだ．

戦争が終わり，1713年にユトレヒト条約が結ばれた．イギリスはこの条約で，ニューファンドランドやジブラルタル等を獲得したほか，30年の期限付きでアシエント（asiento）を獲得した．アシエントは中世から特定の商人に与えられていた期限付きの特権・独占契約のことである．スペイン領植民地に黒人奴隷を供給するための独占権としてのアシエントは，まずイタリア人に，次にポルトガル人に，そして，ユトレヒト条約でイギリス人に与えられた．

このアシエント特権を利用したのが，南海会社であった．しかし，奴隷を購入する際に，王立アフリカ会社に頼ったり，あるいは，密貿易業者が暗躍したりしたため，南海会社自体の奴隷輸出はあまり振るわなかった．南海会社は25年間で96隻の奴隷船を派遣し，約3万人の奴隷を輸出した．

1.4　南海泡沫事件

南海会社が有名になったのは，公債の整理計画の失敗による南海泡沫事件（South Sea Bubble）のためであった．南海会社はイングランド銀行に対抗する形で，国債引受機関の役割も与えられた．南海会社が公債を引き受ける．それを資本金に転換する．公債の債権者には債権額に応じて，南海会社の株式が与えられる．これと似た方式で，イングランド銀行は成功し，フランスのロワイヤル銀行は失敗した．ロワイヤル銀行は1716年にジェネラール銀行という名で，スコットランド人ジョン・ロー（John Law：1671～1729）が個人銀行として設立したもので，1718年に王立の銀行として，ロワイヤル銀行と改名された．フランスの財務長官となったジョン・ローは1720年1月，銀行券の発行，株式発行，国債整理を連携させたが，株価が大暴落して，多くの人が破産した．

南海泡沫事件も同年に生じた．ローと同じで，1720年の南海会社の公債整

理計画は株式を投機の対象とするものとなった。政府にとって有利な条件を南海会社は提示し，国債整理を引き受けた。そのため南海会社は貿易によって相当な利益をあげるか，そうでなければ，株式市場で利益を得る必要があった。

南海会社は株価の操作を始めた。これはうまく当たって，泡沫（bubble）のように実態のない詐欺的株式会社まで設立されるようになった。南海会社はあわてて，これらの泡沫会社を禁止しようとした。南海会社は政府の有力者によって作られ，維持されてきた権威ある会社である。投機的に次々と設立される株式会社とは異なる。南海会社は投機を抑制するため，泡沫会社禁止法を施行した。法律の効果は現れた。投機は抑制された。しかし，権威だけでは会社は維持できなかった。南海会社の株式も暴落した。

南海会社はそれでも生き残って，奴隷貿易は続けていた。紙一重で成功する組織もあり，失敗する組織もある。南海泡沫事件では，政府要人を含めて，多くの人が破産し，中には命を落とす者も現れた。この政治的混乱をおさめたのが，イギリスに責任内閣制を導入して，最初の首相とたたえられたウォルポール（Robert Walpole：1676～1745）である。

1825年に泡沫会社禁止法が廃止されるまで，東インド会社など，一部の法人格のある株式会社を除いて，株式会社の設立は禁止された。

1.5 個人銀行，地方銀行

個人銀行業者は17世紀半ば頃に現れた。彼らは預金を受け入れ，為替手形や小切手を用意した。1750年頃から19世紀半ばまで，ロンドンのシティの銀行業者の主要な業務は，コルレス契約を結んでいる地方銀行のために，ロンドンで金融業務を行うことであった。ロンドン個人銀行は地方銀行のため，余剰資金を受け入れ，手形を割り引いて，東部や南西部の豊かな農業州と，北部の産業革命の初期投資用の資本が不足している州を結びつけた。

地方では，1750年以後，地方銀行が成長してきて，地方銀行が発行する銀行券が流通するようになった。1750年には10行あまりの会社が地方銀行を営

んでいたにすぎないが，1780年代には100行をこえた。発券銀行は1810年に783行という最大値に達した。この数はイングランドに存在した地域的「市場圏」の数に匹敵する。地方銀行を始めた者は卸売業者，小売業者，製造業者，弁護士などであった。

1800年の時点で銀行店舗の密度がもっとも粗かったのは，ランカシャなどの北西部工業地帯であり，全国平均の半分にも達しなかった。この地域では，人口4.8万人に対して1行であったのに対して，全国平均は2.1万人に1行であった。ランカシャでは紙幣の流通がほとんどなく，銀行は銀行券の発券ではなく，為替手形の地方的取引の決済を行っていた。

2 イングランド銀行

1656年，スウェーデンにストックホルム銀行が開設された。この為替銀行はリヴォアニア人のヨハン・パルムストルヒが創設したもので，1661年，銀貨や銅貨の代用貨幣として，ヨーロッパで初めて銀行券を発行した。銀行券は過剰に発行されて，ストックホルム銀行は倒産した。しかし，1668年にスウェーデン議会の監督下に置く形で，国立の銀行に衣替えが行われた。その後，さまざまな制度の変更を経たが，これが現在のスウェーデン国立銀行（リクスバンク）となった。

イギリスでは，1694年にイングランド銀行が設立された。この時点では，まだ政府の銀行でも，中央銀行でもなかった。しかし，1844年のピール銀行法によって，世界初の中央銀行になったといわれる。その時に，イングランド銀行の銀行券が国内で流通を認められた唯一の銀行券となった。スウェーデンのリクスバンクの通貨に独占発行権が認められたのは1897年である。

2.1 イングランド銀行の設立

1672年，チャールズ2世が債務不履行宣言を行った。その前年，政府は200

万ポンド以上の債務を決済できなかった。この支払停止令が金匠の債権130万ポンドを凍結することになり，これで金匠の多くが破産した。

金匠は金匠銀行家（goldsmith banker）とも呼ばれるようになっていた。金匠が金を預かり，その預り証がのちの銀行券と同様に，市場で流通していた。金匠の破産で，国王は公立の銀行を望むようになった。

スコットランド人，ウィリアム・パタスン（William Paterson：1658〜1719）の案でイングランド銀行設立が決まった。イングランド銀行の規約では，次のように決められた。120万ポンドの資本金を株主から受け入れる。これを政府に貸し付け，イングランド銀行は政府から年8％の利子と4,000ポンドの手数料を受け取る。政府貸付と同額まで，持参人払いの譲渡可能な銀行券を発行する権利を持つ。銀行券は商業手形の割引に使用する。イングランド銀行への預金は4％の利子で受け入れる。イングランド銀行は法人組織としての権利を認められ，個人株主によって所有される株式会社組織となった。

2.2 イングランド銀行の中央銀行への道

イギリスは当初，金・銀の複本位制であったが，1717年に金本位制を採用した。正貨準備は1763年の36.7万ポンドを下限とし，1789年の865.6万ポンドを上限として，大幅に変動していた。1797年にイングランド銀行が正貨兌換停止をすると，その他の銀行も停止した。

シティ（City of London）の取引では，金貨だけでなく，イングランド銀行券も支払手段として用いられた。銀行券は関税や内国消費税の支払い，政府債への応募，銀行間の決済などに利用された。

18世紀には，イングランド銀行券がロンドン周辺をこえて流通するのは希であった。しかし，1780年代に産業革命が始まると，イングランド銀行の銀行券がイギリス全土に流通を開始した。全国的な流通網が築かれていった。

18世紀には，銀行家でなくても，イングランド銀行と取引することが可能であった。預金は裕福な個人や会社に設定され，当座貸越も認められた。

銀行券は手形の割引で発券されたので，為替手形や約束手形の割引業務は慎重に実施された。割引の適格性は多くの場合，イングランド銀行の理事との個人的関係が決めた。19世紀はじめに，1,200～1,400人ほどが有資格者であったといわれる。

2.3 ピール銀行法

イングランド銀行の兌換停止は1821年に解除された。1833年にはイングランド銀行の銀行券が法定通貨となった。そして，1844年のイングランド銀行特許法（Bank Charter Act），いわゆるピール銀行法でイングランド銀行が中央銀行として認められた。

銀行券や金融制度のあり方をめぐって，当時は銀行主義と通貨主義の2大対立があった。ピール銀行法は通貨主義の立場で作成された。通貨主義では，流通している銀行券と鋳貨の量は，すべての貨幣が金属からなっている場合に流通するはずの貨幣量と同じであると考える。銀行券はいわば地金の証書であるべきである。輸出超過になると，金の保有高が増える。銀行券が増発され，物価が上昇し，輸出が減少する。

1844年に，イングランド銀行は地金保有量の倍の銀行券を発行した。ピール銀行法の第2条で，発行部は銀行部から1,400万ポンドの証券と，銀行部が必要としない鋳貨・地金とを引き継ぎ，その資産価値に等しい量の銀行券を発行するとされた。

この法律でイングランド銀行が唯一の発券銀行となった。しかし，銀行券を発券していた他の銀行が破産，業務停止，発行中止するまで待ったので，実際にイングランド銀行が唯一の発券銀行になったのは，1923年であった。

参 考 文 献

上川孝夫・矢後和彦編『国際金融史』有斐閣，2007年
本山美彦『貨幣と世界システム：周辺部の貨幣史』三嶺書房，1986年

鈴木俊夫『英国重商主義公債整理計画と南海会社』中京大学商学会商学研究叢書編集委員会，1986年
フェヴァー・モーガン（一ノ瀬篤ほか訳）『ポンド・スターリング：イギリス貨幣史』新評論，1984年
R. キャメロン（正田健一郎訳）『産業革命と銀行業』日本評論社，1973年

参考文献案内

　経済史の文献は図書館によっては，経済学の一分野ではなく，社会学や経営学，あるいは，理工系の学術書に混じって，分類されることが多くなってきている。社会の各要素は相互に関係しているので，社会の全体を研究する必要がある。その意味で，いわばテーマ史では歴史は明らかにならないが，しかし同時に，特定の分野を研究するのでなければ，歴史は明らかにならない。この矛盾は解決できないが，それを意識しながら，勉強・研究することは可能である。その意味で，西洋経済史をこれから学ぼうという人は，「西洋」の「経済」史に限定しないで，できるだけ多くの文献を参考にしてほしい。

　大学生は歴史の勉強のためにはInternetを活用しないほうがいい。活用するとしても，せいぜいデジタル本を手に入れる程度にしておくか，あるいは，教師の指導の下で利用すべきである。あまり知識がない段階でInternetの大海原に出かけていくと，特定の木だけで，森全体を判断してしまう可能性が高いからである。今，自分は木を見ているにすぎない，ということを意識できる大学院生以上の研究者であれば，逆に，自分の知識を確認するために，Internetは活用できる。今では，多数の史料や書物・研究論文がInternet上で見られるようになっていて，以前なら諦めていたような文献・史料の入手も可能な場合が多い。

　山川出版社の「世界史リブレット」シリーズは入門として適した本も多いので，手にとってみるといい。その次のステップとして，山川出版社の「新版世界各国史」や中央公論社の「世界の歴史」，あるいは，新書や選書で提供される歴史関連の書籍などを教科書の補助教材として利用するといい。

　歴史学上の特定の概念が気になれば，弘文堂の『歴史学事典』(全15巻・別巻1)や各種の国語辞典や百科事典をひもとくといい。さらに勉強を進めたいときには，山川出版社の「世界歴史体系」シリーズ，岩波書店の「世界歴史選

書」「ヨーロッパの中世」「世界史史料」などの全集もの，講談社の「興亡の世界史」シリーズ，あるいは，本文中の参考文献をてがかりに，自分が求めるものを探してみよう。

資 料

資　料

図1　西洋の中世都市と神聖ローマ帝国

参考）Robert Tignor *et al.*, *Worlds Together, Worlds apart*, 2002, p. 71.

資　料

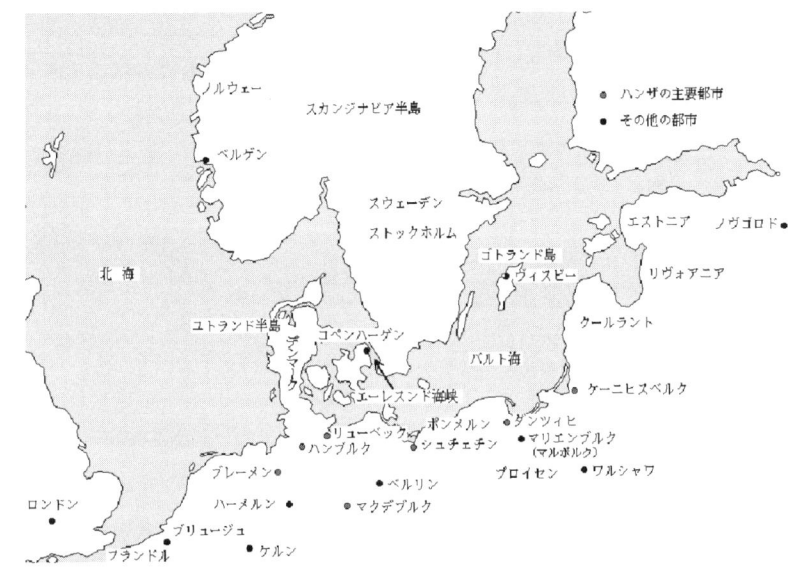

図2　ハンザ同盟

参考）　髙橋理『ハンザ同盟』教育社，p. 30

図3　大西洋諸島と大西洋奴隷貿易

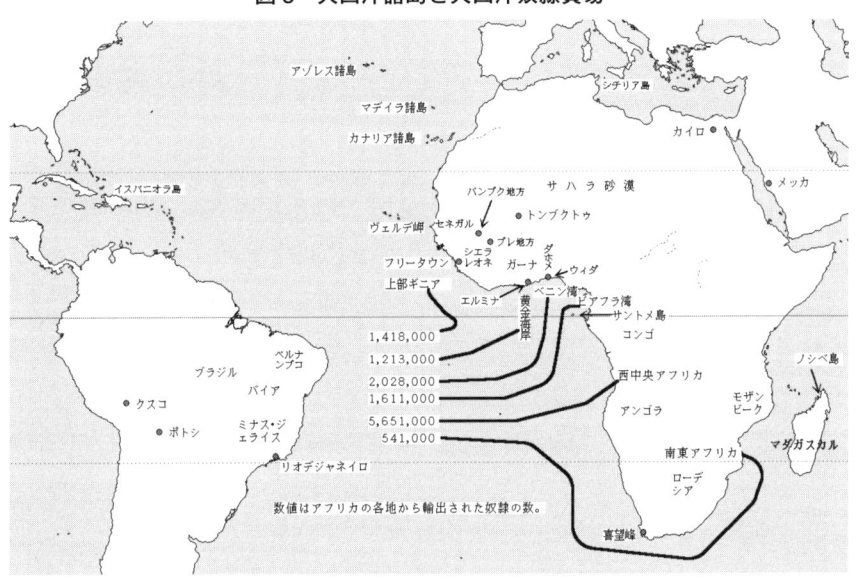

1,418,000
1,213,000
2,028,000
1,611,000
5,651,000
541,000

数値はアフリカの各地から輸出された奴隷の数。

参考）　D. Eltis snd D. Richardson eds., *Extending the Frontiers*, 2008, p. xiv.

資　料

図4　アクバル時代のインド（1601年ころ）

参考）　サティーシュ・チャンドラ『中世インドの歴史』山川出版社，1999年，p. 261

索引

ア 行

アイユ 99-100
アカプルコ 100
悪徳商人・悪徳業者 192-193
アサダ 131
アシエント 206
アヘン 153-154, 198-199
亜麻 52-53, 165
アムステルダム 105-106, 108, 157
アントウェルペン 91, 102-103, 105, 115, 127
アントニヌス勅令 17, 59
アンボイナ 106, 131
委託代理 106, 158
入会地 51, 137, 180
イングランド銀行 108, 151, 206, 208-210
ウィダ 159
ウィラ 14, 32, 39
ウィルキンソン、ジョン 175-176
ウィルバーフォース、ウィリアム 160
ウェストファリア条約 103
ウェッジウッド、ジョサイア 182
ヴェネツィア 58, 63, 65-66, 89, 91, 103
英仏通商条約 196, 198
エリザベス救貧法 120, 122-123
エルカーノ、セバスティアン 98
エルミナ 90
垣区 140, 143-146
エンコミエンダ 97
王立アフリカ会社 151, 157, 206
大市 55, 57, 61-63
オートマトン 174

カ 行

海上貸付 11
開放耕地 48, 145
外輪船 183
囲い込み 垣区を参照
家族ぐるみ雇用 190
ガソリン自動車 202
カダモスト 89

カッファ 65-66
合本会社 127, 148
カートライト、エドマンド 169
カナリア諸島 88, 103
株式 150, 199-200, 206-207
カレー 111-112
為替取引 108
慣習保有 45
慣習保有農 39, 45
関税 25, 60, 111-112, 127, 132, 152, 157, 158, 172, 185, 197-198, 199, 205, 209
キウィタス 59-60
機械破壊運動 193
機械輸出禁止法 197
北アメリカ植民地 130, 156
喜望峰 106, 200
キャラコ捺染業 165, 198
休閑地 47-49, 51
救貧税 121-123, 133, 136, 138, 139
窮民 120, 123, 134-135, 138
教区 118, 121, 123, 133-134, 136, 180, 190
教皇税 66, 110
共同耕地 28-29, 48, 53, 137, 145
ギルバート法 134-135
金貨 18, 66（フィオリーノ金貨）, 89（クルザード金貨）, 209
銀貨 18（デナリウス銀貨）, 100（8レアル銀貨）, 199, 205, 208
銀行券 206-210
金匠 209
禁制領域 80
クエーカー 160
クク（レスター伯） 142-143
靴下編み機 177
クラークソン、トマス 160
クラーモント号 183
クリエンテス 12, 19-20
クレタ島 65
クロノメーター 174
クロムウェル航海法 130-131
クロンプトン、サミュエル 167

索　引

ケイ，ジョン　　168
元老院　　4, 11-13, 15, 19
ゴ　ア　　91
工場制　　189, 194
工場法　　191-192
香辛料　　62, 65, 87, 90-92, 94-95, 103, 106, 147
高度集約農業　　143
公有地　　13-15
コークス　　171-173, 176
穀物法　　143, 198
個人銀行　　206-207
琥　珀　　10, 70
コーヒーハウス　　150-151
コムーネ　　11, 64
小屋住農　　44
根菜類　　141
コンスタンティノープル　　19, 65-66
コンタード　　64
コンメンダ　　67

サ　行

栽培牧草　　141-142
債務不履行宣言　　208
サン・ドマング島　　161
ジェニー紡績機　　167-168
ジェノヴァ　　58, 63, 65-67, 87-88, 90, 94-95
シエラ・レオネ　　88, 160
ジェントリ　　44
地　金　　99, 108, 148-149, 210
司教座都市　　59-60
シチリア　　11, 13, 25, 89, 94
シトー会（シトー派修道会）　　30, 36, 110
ジャカード織機　　169
ジャーディン・マセソン商会　　199
シャープ，グランヴィル　　159-161
ジャマイカ　　158-159, 174
修道院　　24, 27, 34, 36-37, 55, 57-59, 63, 110, 121
十二表法　　4, 13
自由貿易　　112, 147, 149, 185, 196-198, 200
熟練労働者　　188-190, 193
小親方　　44, 82-84, 114
蒸気機関車　　184-185
蒸気自動車　　184, 202

商人ギルド　　78-79
消費税　　197, 209
職人規制法　　84, 114, 122
植民地商人　　130-131
所得税　　197-198
新毛織物　　115, 164-165
水力紡績機　　167
スエズ運河　　200
スタンダード・オイル　　201-202
ステイプル　　112-113
スティールヤード　　74-75
ストックホルム銀行　　208
スピーナムランド法　　135
制規会社　　127
聖月曜日　　137
政治経済　　192
製糖工場　　88, 92
聖ヨアヒムスタール　　98
セプルベダ　　96
梳毛織物　　110, 166
ゾング号　　160
村落共同体　　26, 29, 43, 47-48, 79

タ　行

大　青　　52-53, 89
代用貨幣　　205, 208
ダ・ガマ，ヴァスコ　　91
宝　貝　　159
脱穀機　　193
ダホメ　　159
タル，ジェスロ　　140
ターンパイク　　181
チオンピ　　66
地　条　　37, 48, 50, 52
チャドウィック　　194
中央銀行　　208-210
賃金労働者　　2, 100, 119, 188, 191, 193
ツンフト闘争　　80
ディウ沖の戦い　　91
定住法　　120, 133
鉄　橋　　173
鉄　道　　176, 180, 182, 184-186, 200
道徳経済　　192
東方植民　　69-71
謄本保有農　　43, 45, 144
時　計　　174
土地税　　197
トラック制　　192

220

索　引

トルデシリャス条約　96
奴隷貿易廃止法　161

ナ 行

南海会社　151, 205-207
南海泡沫事件　206-207
ナントの王令　105, 174
西インド会社　107, 157
西インド植民地　130, 159
日曜学校　190
年季契約奉公人　129
農奴　18, 32, 36, 39-41, 45, 55
ノーフォク　39, 115, 140, 142-143

ハ 行

バイア　92
バタヴィア　106
8 時間労働制　191
パチョーリ, ルカ　67
発券銀行　208, 210
ハドソン川　183
パドル法　173
東インド会社　131, 146-154, 165-166, 198-199, 207
ピット　153
ビトリア　97
ピール, サー・ロバート　197-198
ピール銀行法　208, 210
ファスティアン　165-167
ファミリア　21, 39
フィレンツェ　58, 66, 90, 111
フォード　202
複式簿記　67, 108
フッガー　98, 119
物象化　43
部品　174-177
ブラジル木　92
ブラックウェル・ホール　115, 165
フランク王国　5, 24, 26
フランドル　6, 49, 61, 63, 72, 74, 102-105, 109, 110, 112, 115
ブリストル　126, 157, 186
フリーメーソン　183
ブリュージュ　63, 65, 72-74, 102-103, 112
ブルク　60
プロイセン　71, 73, 75
ベイクウェル, ロバート　140

ペルナンブコ　92, 107
ベンガル　152-153
ホイットニー, イーライ　169, 176
冒険商人組合　111
法的賦役制　180
泡沫会社禁止法　207
紡毛織物　109, 115, 148, 165
僕婢　32-33
ポート・ワイン　205
ポトシ銀山　99-100
ボンベイ　152

マ 行

前貸問屋制　83, 114, 168
マカオ　91
マガリャンイス　98
マデイラ　89, 92, 94
マニラ　100-101
マメ科　141
マラッカ　98
未熟練労働者　188-191
ミナス・ジェライス　205
ミュール紡績機　167-168
メシュエン条約　205
メスタ　109
メディチ　67
メリノ羊　109

ヤ 行

ヤナコーナ　99
ヨーマン　44, 120

ラ 行

ラス・カサス　96
ラックストン　130
ラティフンディウム　13-14, 18
ランカシャ　154, 164-167, 208
リヴァプール　134, 157-158, 160-161, 182, 185
力織機　169
リューベック　69-75
領主直営地　32-33, 37, 40-41, 110
輪栽式農法　140-143
隷農　33, 39-42, 194
レヴァント　106, 116, 127-128, 130, 165
レヴァント会社　127
労働者規制法　119

221

索　引

ロ　カ　67
ロケット号　185
ロコモーション号　184
ロスチャイルド銀行　201
ロンバード街　74, 196

ワ　行

綿繰機　169
ワット，ジェームズ　163, 169, 173, 176
　　　-177, 183

著者略歴

児島秀樹(こじまひでき)

	1987年　中央大学大学院経済学研究科博士後期課程修了
現　　在	明星大学教授　博士（経済学／中央大学）
主要著書	（共訳）『コンピュータで歴史を読む』（有斐閣，1997年）
	（共著）『経済史を学ぶ』（学文社，2007年）
主要論文	「英国奴隷貿易廃止の物語」（2007年）
	「ダホメの宝貝通貨と奴隷貿易」（2005年）
	「シエラレオネの大西洋奴隷貿易」（2005年）
	いずれも『明星大学経済学研究紀要』他

西洋経済史のツボ

2010年3月10日　第一版第一刷発行
2018年1月20日　第一版第二刷発行

著　者　児　島　秀　樹
発行所　株式会社　学　文　社
発行者　田　中　千津子

〒153-0064　東京都目黒区下目黒3-6-1
電話　03(3715)-1501（代表）振替 00130-9-98842
https://www.gakubunsha.com

落丁，乱丁本は，本社にてお取り替えします。
定価は，売上カード，カバーに表示してあります。

印刷／シナノ印刷㈱
〈検印省略〉

ISBN 978-4-7620-2024-7
©2010 KOJIMA Hideki Printed in Japan